Wolfgang Welsch

# Schwierigkeiten mit der Wahrheit

Eine kurze Eschatologie
der Neuapostolischen Kirche

Und ihr werdet die Wahrheit erkennen,
und die Wahrheit wird euch freimachen.
*Johannes 8. 32*

Wolfgang Welsch

# Schwierigkeiten mit der Wahrheit

## Eine kurze Eschatologie der Neuapostolischen Kirche

**Re Di Roma-Verlag**

Bibliografische Information der Deutschen Nationalbibliothek:
Die Deutsche Nationalbibliothek verzeichnet diese Publikation in der Deutschen Nationalbibliografie; detaillierte bibliografische Daten sind im Internet über http://dnb.ddb.de abrufbar.

ISBN 978-3-86870-127-2



www.rediroma-verlag.de
15,50 Euro (D)

# Inhalt

## Vorwort

Ob wir wollen oder nicht, wir kommen nicht um die legitime Schlussfolgerung herum, dass, wenn Gott will, dass allen Menschen geholfen werde, und, wenn solches durch ein beständiges Hineinführen in alle Wahrheit geschehen würde, diese Wahrheit dann auch allen Menschen mitteilbar und verstehbar würde.
Das Problem scheint zu sein, dass in manchen Kirchen die eigene Lehre höher bewertet wird als die christliche Lehre. All´ eure Dinge lasst in der Liebe geschehen, fordert uns Jesus auf. So ist auch das Ziel aller Verkündigungen, Liebe zu wecken, die aus reinem Herzen, einem guten Gewissen und ungeheucheltem Glauben kommt.
Das ganze Gesetz kann man in einem Satz zusammenfassen, und damit wird es zugleich ganz erfüllt: "Liebe deinen Nächsten wie Dich selbst!" Es zeigt sich, die Liebe ist ein äußerst wichtiges Element in der Lehre. Ein Funken Liebe ist mehr wert als ein ganzer Berg voll Weisheit und Wissen (Joseph Weißenberg bei Helmut Obst).
Jesu Botschaft besteht in der grenzenlosen Einladung Gottes an alle Menschen. Der Fehler mancher charismatischen Kirche dabei ist,– und hier kann man sich Eugen Drewermann anschließen – dass sie den Wahrheitsbesitz, unabhängig vom jeweiligen Inhaber, an ein Amt bindet.
Das trifft explizit auf die Neuapostolische Kirche (NAK) zu, die den Dialog über Glaubenswahrheiten nicht führen will, oder aus theologischer Unkenntnis nicht oder nur begrenzt führen kann.
Zur Wahrheit des Evangeliums gehört, dass d i e Menschen Gottes Kinder sind, die an Jesus Christus glauben, ihm nachfolgen und von seinem Geist getrieben werden (Römer 8,14.16). Für die NAK sind jedoch nur diejenigen Gottes Kinder, die den Hl. Geist aus dem neuapostolischen Apostulat empfangen haben und damit ´versiegelt´ sind.
Aus diesen, wie aus vielen anderen Gründen, kann und darf es sich bei dem Wunsch nach wahrheitsorientierter Verbindlichkeit

der Heilsvoraussetzungen des Evangeliums um kein festbetoniertes Glaubensmysterium und um keine verabsolutiert zu glaubende Sonderlehre handeln, deren Verständnishaftigkeit nur dem exklusiven Kreis blind Glaubender zugänglich und ihrer alleinigen Interpretationsbefugnis vorbehalten wäre. Wahrheit würde sonst zu einem Herrschaftswissen mutieren, welches die jeweilige Kirche nach ihrem Gusto und ihren subjektiven Kriterien verbreitete.

Wahrheit, die in göttliches Heil führt, muss sich vielmehr messen lassen an der Aussage Jesu, dass sein Joch sanft und seine Last leicht wäre, mit anderen Worten, dass keinem Menschen eine Heilsvoraussetzung aufgebürdet würde, welche er nur über die Selbstvergewaltigung seiner Lebens- und Glaubenserfahrungen und seiner damit verbundenen Erkenntnisse erreichen könnte. Denn Heil kann ja nur dort als Heil wirksam werden, wo die innerste und tiefste Überzeugung damit verbunden ist, dass es sich in der Tat um das göttliche Heil handeln würde. Dazu zählt die unbestreitbare, von der Neuapostolischen Kirche gleichwohl nicht anerkannte Tatsache, dass alle Christen, die vom Heiligen Geist getrieben werden, Gottes Kinder sind.

Wenn wir also davon auszugehen haben, dass die Kraft göttlichen Geistes göttliche Wahrheiten zu verkündigen trachtet, so muss gewährleistet sein, solche Wahrheiten seitens der Offenbarungsempfänger auch erkennen und von anderen Wahrheiten unterscheiden zu können – ein Unterfangen, das ohne Vernunft gar nicht denkbar wäre.

Mancher fühlt sich in der Dogmatik mehr gefangen als frei, denn viele Fragen werden nicht beantwortet. Das wirkliche Problem scheint mir zu sein, dass sich die Mitglieder des Internationalen Apostelbundes der NAK von anderen nichts sagen lassen. Diese Segensträger beten für das einzelne Mitglied um Nachfolge, sprich Gehorsam gegenüber den Dogmen und Heilsvoraussetzungen der Kirche, auf dass es weiterhin stille sei, dankbar, zufrieden und in der Nachfolge stehe.

Das wäre kein Problem, falls es nicht zugleich unmöglich wäre, offen miteinander über die sich temporär ändernde Glaubenslehre zu sprechen. Viele möchten mehr darüber wissen um zu begrei-

fen, was das alles genau bedeutet. Der offene, kritische Dialog ist in der NAK aber immer noch unwillkommen. Daran sollte man Glaubenschristen von charismatischen Eiferern unterscheiden können. Statt Antworten auf Fragen zu erhalten, solle man Geduld haben, Vertrauen, betende Hände, man solle aufblicken und Achtung haben für die großen Gaben im Apostelamt usw. Gott hat die Zubereitung seiner Kinder aber nicht einigen gut bezahlten Lieblingen überlassen, die nicht den Mut haben, sich für ihre Fehler in der Vergangenheit angemessen zu entschuldigen; die nicht dienen wollen, sondern eher herrschen, die stets von Liebe sprechen, jedoch oft genug unbarmherzig handeln. Für Kritiker und Zweifler im positiven Sinn, für aufrechte Glaubenschristen, ist die gepredigte Nächstenliebe oft nicht zu erkennen.
Mit dieser kurzen Eschatologie der NAK versuche ich, Probleme, Fragen zur Kirche und zu ihrer Lehre aufzugreifen und zur Diskussion zu stellen. Sie sind der Erneuerung des Glaubens ebenso verpflichtet, wie der Wahrheit des Evangeliums. Wer genau hinsieht, bringt nicht nur frohe Kunde. Wer etwas ändern will, muss sehen, wie es ist.

*Sinsheim im Herbst 2009,*
*Wolfgang Welsch*

## 1. Ekklesiologie der Neuapostolischen Kirche

Die Geschichte der NAK und ihrer Vorläufer-Kirchen ist eine Geschichte von Gaben und Geistesaufbrüchen, von Amt und Autorität, aber auch von Kämpfen und Rivalität, von Falschprophetie und Spaltungen. Betrachtet man sie in einem kausalen Nexus, dann stellen sich eine Reihe von Fragen wie z.B.:

a) War bei den Aufbrüchen und spektakulären Erscheinungen im 19. Jahrhundert wirklich der Geist Gottes am Werk – oder war es ein falscher Geist?

b) Wie sind die Voraussagen, vom Albury-Kreis bis zu J. G. Bischoff einzuordnen, die fast alle nicht eingetroffen sind? (Vgl. 5.Mos.18,22)

c) Welche der apostolischen Gruppierungen, die alle miteinander im Konflikt stehen, vertritt nun die "wahre apostolische Kirche": die Katholisch-Apostolische Kirche, die Allgemeine Christliche Apostolische Mission, die Neuapostolische Kirche, eine der vielen apostolischen Splittergruppen, oder keine von diesen?

d) Bindet sich der Hl. Geist an ein Amt, wie etwa das Apostelamt der NAK? (Vgl. Joh.3,8)

e) Besteht bei esoterisch anmutenden Praktiken wie die Spendung von Sakramenten an Lebende für Tote die Gefahr eines unbiblischen Spiritismus?[1] Dient es der Stabilisierung von Amtsautorität?

Wichtiger als diese Fragen ist die grundsätzliche Frage: Ist in der Bibel für unsere Zeit das Auftreten neuer Apostel verkündigt, oder handelt es sich hierbei um eine Fehldeutung der Hl. Schrift aus menschlichem Wunschdenken, spiritueller Überhöhung, oder naiver Exegese?

Falls die Bibel für unsere Zeit keine neuen Apostel voraussagt bzw. vorsah, könnte es sich bei allen Apostelbewegungen vielleicht um falsche Apostel handeln? Oder gibt es wieder Apostel die ähnlich wirken und handeln wie die Apostel der ersten Zeit? In diesem kausalen Nexus steht die Frage nach der Gotteskind-

[1] Vgl. Wolfgang Welsch [Hrsg.], Der Jenseitsglaube der Neuapostolischen Kirche, 2009

schaft: wer ist Gottes Kind, was sind Gotteskinder? Die Hl. Schrift trifft zu diesen Fragen deutliche Aussagen.
In neutestamentlicher Zeit existierte der Zwölferkreis: zwölf Apostel als Repräsentanten der zwölf Stämme Israels, als engster Kreis um Jesus. Zusätzlich gab es aber auch weitere Apostel, etwa Matthias, der anstelle von Judas Ischarioth nachberufen wurde, sowie Paulus, der den Herrn gesehen hat, wenn auch auf eine andere Art als die anderen, und schließlich den weiteren Kreis, wohl einige Dutzend Männer, die hinausgesandt wurden, um die Grundlagen der christlichen Kirche zu legen. Zu diesen "anderen Aposteln" neben den Zwölfen zählten u.a. Barnabas, Apollos, Junias, Epaphroditus, Andronikus, Matthäus und Jakobus. Es gab also den Zwölferkreis als den engsten Apostelkreis, aber auch eine darüber hinausgehende Schar von Aposteln.
Die entscheidende Frage lautet nun, ob es in der Neuzeit wieder Apostel im urchristlichen Sinn gibt. Sie ist zugleich die Frage nach der Sukzession. Gibt es eine ununterbrochene Nachfolge von Aposteln, überhaupt eine Einsetzung von Apostel-Nachfolgern im Neuen Testament? Eindeutig nicht! Denn wenn das Apostelamt eine Einrichtung auf Dauer gewesen wäre, wie ist es dann zu erklären, dass nach dem Tod der ersten Apostel keine weiteren Apostel eingesetzt wurden (im Zwölferkreis: außer bei der vorgenannten Nachwahl des Matthias für den Verräter Judas Ischarioth)? Das hätte nota bene im Widerspruch zum Auftrag des Herrn gestanden. Der Hl. Schrift kann man entnehmen, dass es einen solchen Auftrag Jesu zur weiteren Aposteleinsetzung offensichtlich nicht gegeben hat. Soweit das historische Argument.
Die Sukzessionskette ist mit dem Tod der Urapostel gerissen – und sie blieb es 1800 Jahre. Erst durch das sogenannte "neue Wirken des Hl. Geistes" entstand das apostolische Werk der Gegenwart: *"Da ward Drummond vom Heiligen Geist getrieben, an Cardale heranzutreten und ihn in der Kraft des Heiligen Geistes anzureden: 'Bist du nicht ein Apostel? Tue eines Apostels*

*Werk`. Und dabei redete Drummond durch den Hl. Geist viele und ernste Worte über die Pflichten des apostolischen Amtes."* [2]
Das war der Beginn des Apostelamtes in der Neuzeit, wobei auch hier die weitere Sukzession insofern unterbrochen wird, als die Katholisch-Apostolischen die Neuapostolischen nicht als Amtsnachfolger anerkennen. Genau genommen besteht also eine doppelte Unterbrechung der Ämterfolge. Insoweit sich die Neuapostolischen auf den Anfang bei den Katholisch-Apostolischen berufen, geschieht dies gegen deren Willen und Selbstverständnis.
Nach evangelischem Verständnis gibt es eine *"successio originis"* (eine Nachfolge von den Anfängen der Kirche her) und eine *"successio doctrinae"* (eine Nachfolge in der Lehre), aber keine *"successio apostolica"* (eine Nachfolge der Apostellinie in personaler Gestalt). Der evangelische Theologe und Dogmatiker Hermann Sasse postuliert hierzu: *"...die echte apostolische Sukzession (ist) immer nur die Sukzession der Lehre, feststellbar an der Identität des Inhalts der Verkündigung der jeweiligen Kirche mit dem im Neuen Testament gegebenen Zeugnis der Apostel. Wohl gibt es auch eine Sukzession der Lehrer, der treuen Verkündiger der apostolischen Botschaft. Aber diese ist nur Gott bekannt, so wie nur Gottes Auge die wahre Kirche sieht [...].*
*Indem das Aufstellen von Amts- und Überlieferungsketten in die Kirche eindrang, drang wieder ein Stück uralter nichtchristlicher Religion in die Kirche ein. Man suchte in menschlichen Büchern das, was nur in den Büchern Gottes steht."*[3]
Ein *"apostolos"* ist ein Gesandter seines Auftraggebers. Das Apostelamt ist dasjenige Amt, welches *Christus seinen Boten* zu führen anvertraut hat (Apg.1,25; Luk.1; 1.Joh.1-3). Die Augenzeugenschaft der Apostel des Neuen Testaments spielt also eine entscheidende Rolle für ihre Legitimität (1.Kor.15,6-8). Er ist nur solange beauftragt, wie sein Auftrag dauert. Das heißt, das Apostelamt hat eine temporäre Funktion, die erlischt, wenn der Auftrag ausgeführt ist. Daraus ergibt sich, dass ein Apostel seinen

---

[2] Karl Handtmann, Die Neu-Irvingianer. Geschichte, Lehre und Eigenart, 2.Aufl. 1907
[3] Hermann Sasse, In Statu Confessionis, 1975, S. 195

Auftrag nicht an einen Dritten übertragen, sondern nur in die Hände des Auftraggebers zurücklegen kann. Dies wird, etwa bei der Apostelberufung in Matthäus 10 und Markus 6, deutlich: Die Jünger waren entsandte Boten, und ihr Auftrag war zu Ende, als sie zurückkehrten zum Herrn, zu Lebzeiten Jesu auf Erden. Erst nach Jesu Auferstehung wurde ein Dauerauftrag eingerichtet. Der erhöhte Herr setzte seine Jünger zu bevollmächtigten Gesandten ein: *"Mir ist gegeben alle Macht im Himmel und auf Erden. Darum gehet hin und machet zu Jüngern alle Völker. Taufet sie auf den Namen des Vaters und des Sohnes und des Heiligen Geistes und lehret sie alles, was ich euch befohlen habe. Und siehe, ich bin bei euch alle Tage bis an der Welt Ende"* (Matth.28,18-20).
Hier handelt es sich um einen Dauerauftrag, von Nachfolgern der Apostel im ursprünglich-sukzessiven (*successivus*) Sinn ist nicht die Rede, sondern die ersten Boten werden ausgesandt, um die Grundlage der Gemeinde zu legen. Apostel haben eine Grundlagenfunktion. Sie betreiben die Fundamentlegung (Eph.2,20). Wenn das Fundament gelegt ist, baut ein anderer darauf weiter. Ist es einmal gelegt, kann man nicht ein Weiteres, anderes darauf bauen. Deshalb sollte die Funktion der Apostel mit der ersten Generation erloschen sein.
Die Urapostel waren unmittelbar vom Herrn berufen, selbst Matthias, der durch das alttestamentliche Losverfahren bestimmt wurde. Auch Matthias erfüllte das für einen Apostel entscheidende Kriterium der Augenzeugenschaft (Apg.1,21f). Er hat Jesus vor und nach seiner Auferstehung gekannt. Das kann heute keiner der neuen Apostel für sich in Anspruch nehmen. Die Urapostel hatten zusammen mit Jesus gelebt und waren Zeugen seiner Auferstehung. Auch Paulus war unmittelbar von Christus berufen worden. In Gal.1,1 lesen wir: *"Paulus, ein Apostel nicht von Menschen, auch nicht durch einen Menschen, sondern durch Jesus Christus und Gott, den Vater, der ihn auferweckt hat von den Toten."*
In Galater 1,12 spricht er von einer *"Offenbarung Jesu Christi"* und in Galater 1,16 davon, dass *"Gott seinen Sohn"* in ihm offenbarte. In Galater 2 betont Paulus, dass er sich nicht mit menschlichen Autoritäten beredet hat, auch nicht mit Petrus, den er erst

drei Jahre nach seiner Berufung kennen gelernt hat. Vielmehr ist er durch Gott unmittelbar berufen, nicht durch Menschen (z.B. andere Apostel) eingesetzt worden. Paulus hat Jesus "gesehen" (1.Kor.9,1). Es war nicht der Hl. Geist, sondern Christus, der ihn berufen hat. Die Urapostel waren also entweder Augenzeugen des Lebens und der Auferstehung Jesu Christi oder erlebten eine anderweitige unmittelbare Berufung durch Christus. Nirgendwo wird in der Hl. Schrift berichtet, dass sie den Auftrag erhalten hätten, in der "zweiten Generation" weitere Apostel einzusetzen, was sie folglich auch nicht getan haben.
Nun wird von katholisch-apostolischer Seite und neuapostolischer Seite durchaus erkannt und anerkannt, dass die Apostel der Urchristenheit eine Grundlagenfunktion wahrnahmen, die unwiederholbar ist: die Grundlegung der Gemeinde. Darauf wird exegesiert, dass die Apostel der Endzeit die Grundlegung nicht wiederholen, sondern die Gemeinde zur Vollendung führen, bevor der Herr wiederkommt. Das sei ihr Anspruch: die Gemeinde Jesus entgegenzuführen. Dabei gibt es nur ein Problem: In der Bibel ist nirgends die Rede davon, dass am Ende der Zeiten neue Apostel Jesu Christi mit einem Vollendungsauftrag auftreten würden.
In früherer Zeit wurde auch legitimatorisch auf eine Ausgabe des 4. Buches Esra verwiesen, in der sich der Begriff "neue Apostolische Kirche" findet. Der Begriff "neue Apostolische Kirche" findet sich jedoch nur in einer Kapitelüberschrift. Das 4. Buch Esra (nicht zu verwechseln mit Esra im Alten Testament!) ist indes pseudepigraph, außerkanonisch, und gehört nicht zur Hl. Schrift, zudem stammt die Kapitelüberschrift aus dem 17. Jahrhundert nach Christus.
Dass im Neuen Testament nirgendwo die Möglichkeit angedeutet wird, Christus werde die Plätze verstorbener Apostel durch Neusendung von Aposteln wieder auffüllen, wird von katholisch-apostolischer und neuapostolischer Seite zugegeben. Zugleich jedoch setzt man sich über die Aussage des Neuen Testaments hinweg, indem man argumentiert: Im Neuen Testament werde zwar nicht expressis verbis eine Neusendung von Aposteln angekündigt, andererseits werde sie aber auch nirgendwo ausge-

schlossen.[4] Die Apostel und Bischöfe der ersten Zeit hätten noch in der Erwartung der baldigen Wiederkunft Christi (Parusie) gelebt. Vermutlich sahen die Bischöfe der alten Kirche in dem Tod der Apostel etwas Unabänderliches und meinten darin den Willen Christi zu erkennen. Sie folgerten daraus fälschlich, die Funktion von Aposteln sei auf die allererste Zeit der Christenheit beschränkt. Dies kann allenfalls ein Argument aus dem Schweigen heraus sein (*argumentum e silentio*), was nichts beweist.

Weiter wird argumentiert: Vornehmliche Aufgabe der Apostel der ersten Zeit sei es gewesen, als Augenzeugen die Auferstehung Jesu zu bezeugen. Es gebe aber keinen überzeugenden neutestamentlichen Nachweis für die Meinung, dass Apostel den auferstandenen Herrn gesehen haben müssten. Selbst Paulus hat den Herrn gesehen. Das wird ausdrücklich im 1.Kor.9,1 betont: *"Bin ich nicht frei, bin ich nicht ein Apostel, habe ich nicht Jesus, unseren Herrn, gesehen?"*

Das neutestamentliche Apostolat stützt sich geradezu auf dieses Gesehenhaben des Herrn. Außerdem spricht Paulus im 1.Korinther 15,8 von sich selbst als von einer "Missgeburt" oder einer "unzeitigen Geburt" (*brephos, griech. βρέφος*). Er ist nämlich der letzte von denen, die den auferstandenen Herrn gesehen haben. Mit ihm ist die Kette der Erscheinungen abgeschlossen, und damit auch die Kette der Apostelberufungen!

Von neuapostolischer Seite wird das Argument gelegentlich auch herumgedreht, es sei nicht notwendig, dass ein Apostel Jesus "im Fleisch" gesehen haben müsse. Es habe nämlich auch in urchristlicher Zeit viele Menschen gegeben, die Jesus im Fleisch gesehen haben, aber doch keine Apostel waren. Ist das ein überzeugendes Argument? Hier übersieht man, dass das bloße Sehen nicht ausgereicht hat. Hätte dieses genügt, dann hätten auch die Pharisäer Apostel werden können. Die Voraussetzung war also die Berufung. Jesus hat als irdischer oder auferstandener Herr Menschen in seine Nachfolge berufen. Die Augenzeugenschaft der Auf-

---

4 Mit der gleichen Art der Exegese wird auch die Spendung von Sakramenten an Lebende für Tote begründet, vgl. Wolfgang Welsch [Hrsg.], Der Jenseitsglaube der NAK, 2.Aufl. 2009

erstehung Jesu sowie die Aussendung durch ihn, die Beauftragung durch den Herrn, stellte eine unabdingbar Voraussetzung (*conditio sine qua non*) dar, um Apostel zu werden. Apostel (*Apostoloi*) waren die Gesandten, die Jesus gesandt und beauftragt hat.

Und auch das sei nochmals betont: Bereits im Neuen Testament wird unterschieden, ob Jesus Christus selber Menschen beruft oder ob sie durch den Hl. Geist berufen sind. Die heutigen Apostel stützen sich auf die Berufung durch den Hl. Geist, aber die Urapostel waren allesamt durch Jesus Christus, durch die zweite Person der Trinität, berufen. Der irdische Jesus hat sie aus ihrem Beruf herausgerufen, z.B. Matthäus Levi weg vom Zoll oder andere Jünger beim Fischen am See Genezareth. Diese wurden unmittelbar durch Jesus berufen. Auch Paulus wurde durch Jesus berufen, nicht durch den Hl. Geist (s.o.). Das darf man nicht vermischen. Der erhöhte Christus ist Paulus vor Damaskus als der Auferstandene erschienen. Heute dagegen kann niemand behaupten, dass ihm der auferstandene Sohn Gottes begegnet sei wie Paulus vor Damaskus.

Auch Paulus hatte deshalb schon damals Probleme, sich als Apostel zu rechtfertigen und zu legitimieren. Um wie viel schwieriger ist es für die heutigen Apostel. Gott kann natürlich auch heute durch seinen Geist Menschen berufen. Das geschieht real bei jeder wirklichen Ordination. Im urchristlichen Sinn werden aber eben keine Apostel berufen, weil die unmittelbare Beauftragung und Entsendung durch Jesus fehlt.

In Epheser 4,11-13, einer immer wieder angeführten Kardinalstelle in der Diskussion über "neue Apostel", werden zwar sämtliche Dienste aufgezählt: Apostel, Propheten, Evangelisten, Hirten, Lehrer. Aber diese Aufzählung muss man im historischen Kontext sehen. Hier werden die Apostel sicherlich genannt; der Brief ist ja in der Zeit der Apostel geschrieben. Aber an anderen Stellen, gerade im Epheser 2,20, wird deutlich, dass die Gemeinde, die Kirche auf den Grund der Apostel und Propheten gelegt ist. Das heißt, sie hatten eine grundlegende Funktion in der Urkirche, und als die Urkirche gegründet war, gingen die Apostel in die Welt hinaus. Nun wird darauf weiter gebaut, wie etwa Paulus im 1.Kor.6,10 sagt: *"Ich habe gepflanzt, Apollos hat begossen; aber Gott hat das Gedeihen gegeben [...] Ich, nach Gottes Gnade, die mir gegeben ist, habe den Grund gelegt als ein weiser Baumeister; ein anderer baut darauf..."* Da die biblischen Anhalte fehlen, sucht man, mitunter tendenziös (*eisegetisch*), nach anderen Kennzeichen für die Echtheit der neuen Apostel. Eines davon stützt sich darauf, dass die Neuapostolischen Gemeinden groß seien und blühen würden. Das sei eine Bestätigung dafür, dass die Apostel der Endzeit legitim berufen seien, sonst könnten die Gemeinden nicht im Zustand dieses Wachstums stehen. Dieses Argument ähnelt dem des Gamaliel, das aber nicht von Gott inspiriert, sondern einfach ein pragmatisches Argument zu seiner Zeit war: *"Ist dies Vorhaben oder dies Werk von Menschen, so wird's untergehen; ist es aber von Gott, so könnt ihr sie nicht vernichten"* (Apg.5,38f).

Der Islam besteht auch bis heute. Viele Religionen und Sekten bestehen, und doch können ihre Lehren angezweifelt werden. Das Argument von Gamaliel ist nicht geistgegeben. Es war nur ein praktischer Rat zur damaligen Zeit. Natürlich hat es sich auch an der Kirche bewahrheitet, dass sie nicht von den Pforten der Hölle verschlungen wird (vgl. Matth.16,18). Das allein würde als Kriterium aber nicht ausreichen. Die Dauerhaftigkeit und Größe einer Religion, Kirche oder Gruppierung ist kein Ausweis ihrer biblischen Legitimität. Die Katholisch-Apostolischen haben als Ausweis ihrer Legitimität die Früchte ihrer Arbeit betont. J. H. Thiersch etwa weist darauf hin, dass das katholisch-apostolische Werk von Gott sein müsse, weil die Früchte so gut seien. Thiersch schreibt: *"Indessen ist die apostolische Sache so lauter und kerngesund, dass sie sich gerade dem Tiefforschenden [...] offen seine Einwendungen Darbringenden, beglaubigt."* Falls es menschliche Anmaßung wäre, *"würde in Bälde göttliches Gericht folgen, und die Früchte würden faulen; denn Gott lässt den nicht ungestraft, der Seinen Namen missbraucht."* [5]

---

[5] Heinrich D. J. Thiersch, Die Kirche im apostolischen Zeitalter, 3.Aufl. 1879

Und was geschah mit den Katholisch-Apostolischen? Das "Gericht" kam spätestens 1901, als der letzte Apostel gestorben war. Die Neuapostolische Kirche sieht für sich das Gegenteil: Sie ist in ganzer Breite gewachsen. Ist das ein Beweis für ihre Legitimität?

Die neuapostolische "Theologie" ist in Gefahr, hinsichtlich der Existenz, der Verfassung und Stellung des Apostelamtes zu viele Einzelheiten auf den historischen Jesus mittels Schriftworte zurückführen zu wollen. Man glaubt, dass dadurch eine göttliche Legitimation gewährleistet sei. Weil Jesus seinerzeit selbst Apostel "gerufen" hat, weil Jesus selbst dieses Amt begründet hat, ist die Neuapostolische Kirche auch heutzutage eine göttliche Stiftung und Einrichtung. Ohne Zweifel muss man bei der Existenz, Verfassung und Stellung dieses Amtes einen Zusammenhang mit Jesus gewährleisten, aber man muss diesen Nexus theologisch "gefüllter", d.h. in "weiterer" Form denken. Das heißt konkret, eine erneute Einrichtung dieses Amtes muss auch gegenwärtig dem Auftrag Christi entsprechen. So wäre es dann auch keine rein menschliche Erfindung. Die Einrichtung muss aber nicht notwendig mit der historischen Stiftung identisch sein; sie kann auch in einem Impuls des erhöhten Jesus Christus gesehen werden, d.h. durch ein Geist gewirktes Geschehen. Genau darauf beruft sich letzten Endes die Kirche in Bezug auf ihr Apostolat, nämlich auf eine historische Annäherung oder Entsprechung, was nota bene immer etwas anderes ist als eine konkrete Begründung, **und** auf einen Geist gewirkten Impuls.

Für die Theologie ist dieser Umstand auch überhaupt kein Problem, sondern eine Selbstverständlichkeit: Eine Kirche und ihre Ämter werden nicht bloß historisch, sondern vor allem trinitarisch-heilsgeschichtlich fundiert. Für viele Menschen wird die Hermeneutik des neuapostolischen Glaubensfundamentes damit kompliziert. Wie will der ´einfache Gläubige´ erkennen, welche Kraft hinter einem Ereignis steckt? Wo finden wir brauchbare Kriterien für einen Befund, ob eine Sache durch einen Geist gewirkten Impuls hervorgerufen wurde? Hilft uns die Hl. Schrift, die Theologie, die Gemeinschaft aller Gläubigen?

Damit mündet die Erörterung in eine interessante Frage, die man so formulieren kann: Was hat Jesus Christus durch die Auswahl von 12 seiner Jünger und ihre Beauftragung mit bestimmten Aufgaben getan? Die Beantwortung führt uns weiter. Die Passagen in den Evangelien, die sich mit dieser Angelegenheit befassen, sind zunächst einmal Berichte über Jesu Handlungen, die einen Bezug zum damaligen Sachstand hatten. Jesu Zeit auf dieser Erde sollte zu Ende gehen, was bedeutete, dass er für die Zeit danach die Weiterführung seiner Arbeit durch Dritte sicherstellen wollte. Es bot sich an, hierfür Männer aus dem Kreise seiner Jünger mit entsprechendem Auftrag zu versehen. Also bat er die von ihm selbst erwählten Jünger zu sich und sagte ihnen, wie sie künftig in seinem Namen und Auftrag zu handeln hätten.

Was beinhaltete diese Vorgehensweise? Waren das etwa gleichzeitig die Einrichtung einer Organisation und die Schaffung von Ämtern in ihr mit bestimmten Zuständigkeiten und Aufgaben? So, wie wir es beispielsweise in Kirchen von heute kennen? Man kann dergleichen aus den Evangelien nicht entnehmen. Es ist in ihnen nichts Konkretes über den Aufbau einer Kirche und die Bestimmung von Ämtern, die Personen unabhängig vorzunehmen wäre, zu lesen. Zu einer Organisation in diesem Sinne fehlte es an substantiellen Anordnungen, z.B. regionale Zuständigkeiten, Vertretungsregelungen, Ordinierungsregelungen etc. Insbesondere sagte Jesu nichts darüber, wer denn nach dem Ableben der gewählten Jünger an ihre Stelle zu treten und wie das vor sich zu gehen habe (Nachfolgeregelungen).

Jesus errichtete weder eine Kirche in einem heute real verstandenen Sinn, noch schuf er ein Kirchenamt im abstrakten Sinn. Was er tat, das belegt die Bibel, war nichts anderes, als zwölf ihm nahe stehende Männer mit ein und demselben Auftrag auszustatten. Was die Männer miteinander verband, war, dass sie alle den einen Sender hatten, nämlich Jesus Christus, und die eine Lehre, nämlich die ihres Meisters Jesu.

Außerdem berichtet uns die Hl. Schrift in unserer deutschen Übersetzung, dass sie Jünger hießen, ebenso vereinzelt die Zwölf und dass Jesus sie auch (die Evangelien verwenden ausdrücklich den Zusatz 'auch'!) Apostel nannte, wobei alle diese Bezeichnun-

gen im Urtext der Bibel auf Grund verschiedener Sprachen auch ganz anders lauteten. Es ist fraglich, ob Jesus den Männern wirklich eine einheitliche Bezeichnung zuzuordnen beabsichtigte, zumindest darf festgestellt werden, dass Jesus die griechische Bezeichnung für Apostel (*apostolus*), sicher nicht verwendete, sondern der Schreiber oder Übersetzer der Evangelien eine Eigenschöpfung gebrauchte. So wird beispielsweise der Begleiter Pauli, nämlich Barnabas, in Apg.14,14 ausdrücklich als Apostel bezeichnet. In Röm.16,7 bezeichnet Paulus Andronikus und Junia als Apostel bzw. Apostola. In 1.Thess.2,7 bezeichnen sich Paulus, Silvanus und Timotheus gemeinsam als Apostel.
Bei dieser Sachlage kann nur eines zur Aussendung der Jünger gesagt werden: Jesus gab einem Teil seiner Jünger, es waren 12, einen Auftrag, seine Mission fortzusetzen. Die Einzelheiten ergeben sich insbesondere aus dem Matthäus-Evangelium. Um diesen Auftrag geht es. Wie aber stellte Jesus sich die Fortsetzung vor, wenn die 12, die er persönlich mit dem Auftrag ausstattete, gestorben waren? Diese Frage beantwortete Jesus nicht, sonst hätte die Bibel uns davon insoweit berichtet. Dennoch müssen wir davon ausgehen, dass Jesus auch nach dem Tode der 12 Jünger weiterhin sein Evangelium unter die Völker bringen wollte.
Man kann wohl der Auffassung sein, dass das Großartige, was er auf Erden begonnen hatte, so gestaltet war, dass es aus sich seine Fortsetzung nehmen konnte. Es bestand darin, dass das Evangelium von Jesus Christus auf dieser Erde durch gläubige Männer und Frauen weiter und weiter getragen wurde. Es hat nie aufgehört, die Mission hatte immer Träger, kontinuierlich gab es Menschen, die sich dem Evangelium verschrieben, es gläubig und freudig unter die Menschen trugen und Handlungen, wie Taufen auf Gott und Jesus durchführten. Diese Überzeugung wird von der Gewissheit getragen, dass Gott und Jesus in ihrer großen Liebe zu den Menschen nicht nachließen, sondern dafür sorgten, dass immer und zu allen Zeiten hinreichend Menschen da waren, die den von Jesus formulierten Auftrag ausführten. Von den ersten Aposteln über die Kirchenväter gab es mithin eine heilsgeschichtliche Sukzession, andernfalls es auch 1830 keine gläubigen Männer in England gegeben hätte.

Dass dies in organisierten Kirchen und mit Männern unterschiedlichster Amtsbezeichnungen geschah, kann als zweitrangig angesehen werden. Maßgeblich konnte und kann nur sein, was inhaltlich vor Gott und Jesus verantwortbar geschaffen wurde. Und das war immerhin so viel, dass ein sehr großer Anteil der Weltbevölkerung sich heute zu Christus und seinem Evangelium bekennt.
Natürlich wurden in diesen Kirchen Fehler gemacht. Wir sehen das allenthalben um uns in allen Kirchen, selbst in unserer eigenen. Die evangelikalen Erweckungsbewegungen haben darin wohl ihre Ursache. Dass unter solchen Umständen Menschen in die Bibel schauten, dort lesen, was Jesus, Petrus, Johannes usw. machten, was dort von diesen geschrieben steht, ist verständlich. Gut nachzuvollziehen ist auch der unter den Unzufriedenen mit den bestehenden Kirchen/Amtsträgern aufgekommene Wunsch, so etwas, wie in der Bibel bezeichnet, unter sich zu wissen. Ein Ruf nach 'Aposteln', wie beispielsweise um 1830 in England, ist deshalb gut erklärbar und eschatologisch real.
Wenn seinerzeit in England Männer und Frauen um göttliche Weisheit, um Gaben des Geistes, um Apostel oder sonst noch etwas beteten, so kann man sich gut erklären, dass deren gläubiges Bitten Folgen hatte. Warum auch nicht? Insoweit sind göttliche Impulse durchaus denkbar und Realität.
Eines darf indes nicht übersehen werden, nämlich die Tatsache, dass auf dieser Erde trotz anderweitiger Empfindungen einiger Menschen es, wenn auch anderenorts, ebensolche Botschafter an Christi statt gab, die genauso an Gott und Jesus Christus glaubten wie die Jünger zur Zeit Jesu, und die ebenso wie die Zwölfe bemüht waren, weiter das Evangelium Jesu unter den Menschen zu verkündigen.
Man darf davon ausgehen, dass durch die Erweckungsbewegungen zu diesen weitere hinzukamen. Insbesondere auch solche, die sich als Apostel berufen oder gerufen fühlten. Natürlich konnte keiner von diesen eine solche Rufung glaubhaft machen. Jesus war ja nicht leibhaftig wie dazumal unter 'Jüngern' anwesend. Die Leute, die eine Rufung durch ihn zu erkennen glaubten, konnten sie nur über den Glauben daran erfassen. Von einer Wiedererweckung des Apostelamtes zu sprechen, muss im Licht dieser histo-

rischen Umstände hinterfragt werden. Man kann allerdings davon sprechen, dass die Menge der Menschen, die sich dem in der Bibel formulierten Auftrag Jesu an Petrus, Johannes usw. verschreiben wollten und dies auch taten, zahlreicher wurden. Wie erkennt man solche Menschen als ´Botschafter an Christi statt´? Die Antwort ist einfach: An ihrem Handeln. Die Frage ist: Entspricht dieses dem biblischen Inhalt, wie Jesus ihn bestimmt hat. Dazu ist allerdings nicht die Amtsbezeichnung ausschlaggebend, wie das oftmals Verlautbarungen der Kirche zu entnehmen ist, sondern allein das Handeln der betreffenden Personen. Verkürzt ausgedrückt: Nicht die Form bestimmt den Inhalt, sondern der Inhalt die Form. Zuvorderst ist die Liebe das Zeichen, daran man sie erkennt. Das ist und bleibt das vornehmste Anliegen Jesu, dass alles aus Liebe zu den Menschen geschieht, seine ganze Mission ist eine Mission der Liebe. Die Merkmale dieser unendlichen Liebe müssen im Handeln erkennbar sein. Andere praktizieren "Christentum" ohne das "Amt" und seine Aufgaben, ohne Versiegelung und ohne Segenslinie, die bis ins Jenseits wirkt. Genau das macht den Unterschied zu einer Sondergemeinschaft aus.

Die Liebe allein schafft den neuen Menschen. Die Liebe aus Gott, Jesus, dem Hl. Geist, aus dem Evangelium und im Dienen an den Menschen. Die göttlichen Impulse sind Impulse der Liebe. Glaube ist im Grunde nichts anderes als ein Glaube **auf** Gott **hin** oder **in** Gott **hinein**, mithin einem Stehen in Gott. Aber so wünschenswert es ist, dass Stehen mit Verstehen, Vertrauen mit Wissen, Glaube mit Glaubensgehalt einhergeht, so gibt doch Glaube oft mehr Halt denn Inhalt. Glaube ist seinem Wesen nach "das Finden eines Du, das mich trägt", und nicht ein Sack voller Dogmen, den ich trage und unter dem ich vielleicht zusammenbreche. Maßstab für die Zugehörigkeit zur allgemeinen Kirche ist nach biblischem Zeugnis das Bekenntnis zu Jesus Christus als Herrn und Erlöser: *"Wer aber mit dem Mund bekennt, Herr ist Christus und in seinem Herzen glaubt, dass Gott ihn von den Toten auferweckt hat, der wird gerettet werden."* (Röm.10,9; 1.Kor.12,3)
Darauf verweist auch der ev. Theologe Jüngel: *"Umkehr, Glauben und Sündenvergebung sind durch Gott gewirkt und nicht*

*menschlich organisatorisch beanspruchbar. Jeder totalitäre Anspruch, sei er auch vom Vatikan oder der NAK-Kirchenleitung behauptet, muss angesichts der geistlichen Kriterien für die wahre Kirche Christi zurückweichen."*[6]

Wesentlich ist also nicht, welche Kirche und deren Mitarbeiter predigen, sondern **was** sie predigen. Das ist der Maßstab, an dem sich alle Kirchen und deren Kirchenlehre messen lassen müssen: Die Aussagen von Jesus Christus und deren Umsetzung. Ist die jeweilige Kirchenlehre absolut deckungsgleich mit der Lehre Christi oder lehrt Kirche abseits der Vorgaben von Jesus Christus? In diesem Kontext muss der Heilsexklusivismus der Neuapostolischen Kirche hinterfragt werden. Immerhin gibt es drei **Kriterien, die der NAK als anerkannte christliche Kirche fehlen:**

1. Ein theologisches Grund- und Detailverständnis.
(Amtsträger haben keine theologische Vorbildung, fehlende Diskussions- und Gesprächskultur innerhalb wie außerhalb der Gemeinschaft)
2. Offenheit in Glaubensfragen.
(Unwissenheit und Intoleranz gegenüber allgemeinen Glaubensfragen gehören nach wie vor zum Instrumentarium)
3. Eine Glaubenslehre, die sich am Evangelium ausrichtet.
(Die NAK-Lehre wird durch eisegetische Interpretation der Hl. Schrift [allein auslegungsberechtigt ist das Apostelamt] geprägt.)

Heute haben wir wesentlich bessere Informationsmöglichkeiten als noch vor 20 Jahren und können überprüfen, ob Kirchenlehre der Hl. Schrift entspricht oder widerspricht. Die Älteren unter den Kirchenmitgliedern ohne Informationszugang zum Internet und damit angewiesen auf die nicht vorsätzlich, aber in Unkenntnis nicht selten desinformierende Deutungshoheit der Kirche, gehen absehbar den biologischen Weg.

Die junge, theologisch stärker interessierte Generation der Kirchenmitglieder, für die objektive Eigeninformation und Eigenverantwortlichkeit abseits mündlicher und schriftlicher Kirchenlehre selbstverständlich geworden ist, wird glaubensbezogene

[6] Eberhard Jüngel, Der Wahrheit zum Recht verhelfen, 1977

Fragen noch pointierter stellen, noch klarere Antworten haben wollen, wie sie heute gestellt und gegeben werden. Diese Christen sind sehr wohl in der Lage, Kirchenlehre, gemeint ist nicht nur die neuapostolische Kirchenlehre, mit Fakten zu vergleichen und daraus plausible Schlüsse zu ziehen. Letztlich werden sie die Verkündigung des Evangeliums und der Liebe Gottes mit ihren eigenen Erfahrungen in den Kirchen vergleichen. Die Vergangenheit beleuchtet das Gegenwärtige, bemerkte einst Karl Jaspers.

## 2. Das Wort vom Fels, das Felsenamt der NAK

Das Oberhaupt der Neuapostolischen Kirche, Stammapostel Leber, führte in einer Predigt über das Felsenamt aus: *"Wir stehen auf einem Felsen. Ich erinnere daran, dass Jesus einst zu Petrus sagte: ´Du bist Petrus, und auf diesen Felsen will ich meine Gemeinde bauen, und die Pforten der Hölle sollen sie nicht überwältigen´* (Matth.16,18). *Wir als die Gemeinde stehen auf dem Felsen. Solange wir mit diesem Felsen verbunden sind, haben wir Kraft. Diese Kraft befähigt uns, den Teufel zu überwinden, ja, alle Geister zu bezwingen. Aber wenn man nicht mehr auf dem Felsen steht, wenn es anderen Mächten gelingt, diese Verbindung zu unterbrechen, dann verliert man sofort seine Kraft. Dann ist man nicht mehr gesegnet. Dann verliert man den Glauben und kann die Liebe Christi nicht mehr wahrnehmen. Deshalb ist es so wichtig, auf diesem Felsen gegründet zu sein, mit dem Stammapostel verbunden zu bleiben, Verbindung mit den Aposteln zu haben, so oft wie möglich in die Gottesdienste zu gehen. Stehen wir nicht mehr auf dem Felsen, sind wir unserer Kraft beraubt und werden zum Spielball der Geister. "*[7]
Derartige Aussagen, legitimatorisch mit Texten aus der Hl. Schrift verknüpft, sind Interpretationen gutmeinender Beliebigkeit, die tatsächlich biblische Wahrheiten verfälschen und unter-

---

[7] Am 29. März 2009 in Kampala/Uganda, vgl. Unsere Familie, Nr.13 vom 5.7.2009, S. 9ff

drücken. Die darin subtil untergebrachten Drohungen: ´wer mich verlässt wird der Kraft beraubt´, wer die Kirche verlässt, wird ´zum Spielball der Geister´, ist ohne 'Wahrnehmung der Liebe Gottes', ´ohne Glauben´, ´ohne Segen´, sind alles andere als Frohbotschaften der Nächstenliebe. Solche Worte hören sich für Millionen ernsthafter Christen höchst unchristlich an und sollten mit Blick auf die Ökumene völlig kontraproduktiv sein.
Der Stammapostel sieht sich als den 'Felsen', auf den Jesus baut. Die Interpretation des Wortes vom Felsen bedarf jedoch einer eigenen Betrachtung. Wie ist der vom Stammapostel zitierte Matth.16,18 (dazu auch 19) zu verstehen? Um des kausalen Zusammenhanges Willen sollte man Matth.16,13-20 lesen. *"Da kam Jesus in die Gegend von Cäsarea Philippi und fragte seine Jünger und sprach: Wer sagen die Leute, dass der Menschensohn sei? Sie sprachen: Einige sagen, du seist Johannes der Täufer, andere, du seist Elia, wieder andere, du seist Jeremia oder einer der Propheten. Er fragte sie: Was sagt denn ihr, dass ich sei? Da antwortete Simon Petrus und sprach: Du bist Christus, des lebendigen Gottes Sohn! Und Jesus antwortete und sprach zu ihm: Selig bist du, Simon, Jonas Sohn; denn Fleisch und Blut haben dir das nicht offenbart, sondern mein Vater im Himmel. Und ich sage dir auch:* ***Du bist Petrus, und auf diesen Felsen will ich meine Gemeinde bauen, und die Pforten der Hölle sollen sie nicht überwältigen. Ich will dir die Schlüssel des Himmelreichs geben: alles, was du auf Erden binden wirst, soll auch im Himmel gebunden sein, und alles, was du auf Erden lösen wirst, soll auch im Himmel gelöst sein.*** *Da gebot er seinen Jüngern, niemandem zu sagen, dass er der Christus sei."* (Hervorhebung des Verf.)
**1. Der Zusammenhang** (Kausalnexus)
a) Nach Vers 15 sind alle 12 Jünger gefragt. Petrus gibt das Bekenntnis der 12 wieder, das auf einer Offenbarung Gottes beruht. Jesus führt des Petrus Bekenntnis weiter und spricht über sich und seine Gemeinde.
b) Die Jünger verstanden Jesu Wort nicht als Zuweisung einer besonderen Rolle an Petrus: Matth.18,1-3 Frage nach dem größten Rangstreit, Matth.20,20-28, Luk.22,24-26.

c) Petrus als schwacher, fehlerhafter Mensch ist ein schlechtes Fundament für Jesu Gemeinde: Matth.16,21-23, unmittelbar nach dem Text über den Felsen sagt Jesus, aus Petrus spreche der Satan (Matth.26,69-75), Verleugnung des Petrus (Gal.2,11-14) sowie Heuchelei und Zurechtweisung des Petrus.

**2. Der Textbefund** (exegetisch)

Vers 18 wörtlich: *"Du bist Petros, und auf diese Petra will ich meine Gemeinde bauen."* „Das griech. Wort "Petros" entspricht dem aramäischen Wort "Kephas" und bedeutet "Stein", "losgerissenes Felsstück". "Petra" dagegen ist nicht der kleine Stein, sondern der "Fels". Jesus gibt zu verstehen: *"Du bist ein Stein, und auf den Felsen will ich meine Gemeinde bauen."*

a) Das Wort "Petra" im Alten Testament (nach der Septuaginta, griech. Übersetzung): buchstäblich: 2.Mos.17,6; Richter15,13; 1.Sam.13,6; Jes.10,33.16 pp. übertragen: Gott selbst ist der Fels (2.Sam.22,2; Jes.8,14; auch Gen.5,32,4 und Dan.2,44+45).

b) Das Wort "Petra" im Neuen Testament: buchstäblich: Matth.27,52.,60, Luk.8,6+13; Offb.6,5+16; Matth.24+25 übertragen: Jesus ist der unerschütterliche, unbezwingbare Fels (1.Petr.2,4-8), Petrus spricht also nicht von sich als dem Fels (Röm.9,33; 1.Kor.10,4).

c) Jesus ist das alleinige Fundament (Matth.21,42; Eph.2,20; 1.Kor.3,11; Apg.4,11+12).

**3. Petrus´ Stellung in der Urgemeinde** (hermeneutisch)

1.Petr.5,1: Er nennt sich selbst nur "Mitältester", "Erzhirte" (V.4) ist Jesus. Nach Apg.15 erscheint er nicht mehr in der Apostelgeschichte.

Gal.2,9: Einer, der zu den 3 Säulen gehört, aber nicht an erster Stelle genannt.

Apg.15: Das Schlusswort des Apostelkonzils hat Jakobus, Leiter der Jerusalemer Gemeinde.

Apg.8,14: Petrus ordnet sich unter.

Apg.11,2: Petrus muss sich verantworten.

Wichtige Voraussetzung für die Verständlichkeit von Denken und Sprache ist dabei die dialogische (Mit-)Teilbarkeit der Erkenntnisse. Dies ist eine Grundüberlegung jeder gemeinschaftlichen und damit auch ökumenischen Initiative. Erst in ihrer

(Mit)Teilbarkeit können Erkenntnisse und Erfahrungen miteinander verglichen und Kriterien erstellt werden, anhand derer ihr jeweiliger Sinngehalt und ihre allgemeine Schlüssigkeit überprüft werden können. Wo immer die Notwendigkeit gesucht wird oder anderweitig besteht, mit Menschen über eigene (Glaubens-) Überzeugungen zu reden, müssen die Teilnehmer sich über solche grundsätzlichen Kriterien der Kommunikation einigen, da ansonsten keine Möglichkeit besteht, in einen Dialog zu treten bzw. jeder Dialog ohne die Einhaltung dieser sprachlichen Grundregeln zum Scheitern verurteilt ist.

In der frühen Kirchengeschichte sah die große Zahl der Kirchenväter in dem Felsen Jesus Christus oder das Bekenntnis zu ihm, so beispielsweise Chrysostomos, Ambrosius, Cyril von Alexandria, Leo der Große, Augustinus, selbst der größte Papst des Mittelalters Gregor VII. Erst ab dem 5. Jahrhundert erhob man den Anspruch, Petrus sei der Fels, und der Papst sei Nachfolger des Petrus und handle aus gleicher Vollmacht wie dieser. Für den Primat des Bischofs von Rom brauchte man natürlich eine biblische Begründung, und dafür zog man den Ausgangstext heran.

a) Die Bibel kennt verschiedene Geistesgaben, z.B. Apostel, Propheten, Helfer (1.Kor.12; Eph.4). Warum kennt sie ausgerechnet das Papsttum nicht, das doch die wichtigste Gabe wäre?

b) Stellvertreter Jesu auf Erden ist der Heilige Geist, kein Petrus, kein Papst, kein Stammapostel und kein Mensch, Joh.14,16+17+26; 16,7.

c) Im Christentum geht es nicht um Menschen, denen man folgt, sondern um Jesus Christus, den Herrn (1.Kor.1,11-13).

d) Die 12 Apostel waren einmalig (Matth.19,28; Offb.21,12-14). Von Nachfolgern für sie hat Jesus nichts gesagt.

Im Wort von der "Schlüsselgewalt" sind diese Schlüssel die der Erkenntnis. Durch sie kann man Menschen zu Gott führen oder von Gottes Reich fernhalten (Jes.22,22; Luk.11,52; Matth.23,2-4.13). Die Schlüsselgewalt gilt nicht nur Petrus (Matth.18,18).

Unter "binden" und "lösen" verstanden die Rabbiner "verbieten" und "erlauben" (Vgl. Apg.15).

Die Heidenchristen waren nicht mehr an die Beschneidung und das Zeremonialsystem gebunden. Natürlich kann man dabei nicht

willkürlich sein (Matth.28,20; Joh.16,13). Neben der Lehrgewalt bedeutet es Disziplinargewalt, z.B. Gemeindewahl (Apg.6), Gemeindeaufnahme (Apg.2,41), Gemeindezucht und Gemeindeausschluss (Apg.5,1-11; 1.Kor.5; beachte die Parallelstelle Matth.18,15-18).
Das "Binden" und "Lösen" hat nichts mit Sündenvergebung an der Stelle Gottes zu tun. (Auch Joh.20,23 ist nur im Sinne der Gemeindezucht zu verstehen, Mark.2,7). Sündenvergebung steht nur Gott zu (Apg.8,20-22; 1.Joh.1,9). Die Apostel machten nicht Gebrauch von der Sündenvergebung, sondern wiesen auf Gott hin.
Genaue Übersetzung des Vers 19: *"Ich werde dir die Schlüssel des Königreichs der Himmel geben, und was du binden wirst auf Erden, wird in den Himmeln gebunden worden sein und was du lösen wirst auf Erden, wird in den Himmeln gelöst worden sein. "*
Die Gemeinde vollzieht also nur nach, was im Himmel schon geschehen ist. Es geht um Jesus und um Jesus allein (Hebr.12,2a; 1.Tim.2,5).
Wenn man von Christus zeugt, wird man dadurch zwar nicht zu einem Apostel wie es die zwölf waren, aber zu einem ihrer Nachfolger (im Zeugnis geben kann man nicht Christus nachfolgen, denn er zeugte nicht von sich selbst) und zu einem Apostel im Hl. Geist, denn nur dieser Geist kann dazu "anstiften" Zeugnis des Glaubens zu geben. Die Frage, ob es heute noch Apostel und Nachfolger der biblischen Apostel Christi gäbe, kann nur mit einem eindeutigen "Ja" beantwortet werden. Es gibt sie seit 2000 Jahren und wird sie weiterhin geben. Die Frage, ob es heute wieder Apostel Christi im biblischen Sinne gäbe, muss jeder prüfen und für sich selbst beantworten. Biblisch überliefert ist, dass Jesus
1. Petrus zum festen Grund der Gemeinde setzte, auf dem er das Weitere aufbauen sollte und
2. Petrus die Schlüssel zum Himmelreich anvertraute. (Matth.16,18.19)
Man kann der Auffassung sein, Jesus bezieht das Felsenamt auf Petrus selbst, nicht auf dessen Glaubensbekenntnis (ev. Lehre). Damit kommen Petrus grundlegende Eigenschaften und Voll-

machten zu, die anderen Aposteln der biblischen Überlieferung gemäß nicht zukamen. Insofern kann man nicht behaupten, Petrus habe keine Sonderstellung gehabt. Vom apostolischen Auftrag her stand er den anderen Aposteln freilich gleich. Nicht aber von den Vollmachten innerhalb der Gemeinde. Hier kam Petrus deutlich eine Prinzipal-/Primatstellung zu. Es wird nicht bestritten, dass NAK-Apostel (wie jeder andere Christ) eine Binde- und Lösegewalt haben könnten. Die Kritik zielt allein auf die von ihnen postulierte Heilsnotwendigkeit.

Es gibt viele verschiedene Traditionen in vielen verschiedenen Kirchen. Es wäre anmaßend, herzugehen und die einzig verfügbare Wahrheit für sich beanspruchen zu wollen. Ein probater und christlicher Vorschlag wäre, dass man den Glauben anderer Konfessionen einfach respektiert und ihn als durchaus möglichen ehrt. Leider betrachtet die NAK den Heilsweg vom NAK-Apostelamt aus. Sie ist der Ansicht, NAK-Apostel müssten die Menschen zu Gott führen. In der Tat ist es aber Gott, der den suchenden Menschen zu sich führt, indem er den Menschen entgegen kommt. Geistliche - egal ob Pfarrer, Pastoren, Propheten, Bischöfe, Stammapostel oder Päpste - können immer nur Gehilfen zum Heil sein, niemals aber Heilsbringer oder -vermittler. Das ist Jesus Christus allein.

Hier sei auch auf die "besonderen Wohnungen" für "besondere Christen" der NAK verwiesen. Ein Argument, dessen systemische Bedeutung nicht übersehen werden kann. Im Evangelium nach Johannes (14,2-3) steht nachfolgend:

*"Im Hause meines Vaters sind viele Wohnungen. Wenn es nicht so wäre, würde ich euch gesagt haben: Ich gehe hin, euch eine Stätte zu bereiten? Und wenn ich hingehe euch eine Stätte zu bereiten, so komme ich wieder und werde euch zu mir nehmen, damit auch ihr seid, wo ich bin."*

Kommt man hier zu einer eschatologischen und zugleich ekklesiologischen Ausdeutung des Textabschnittes, kann man nicht feststellen, dass Jesus auf eine Ortsverschiedenheit zwischen sich selbst und den von ihm bereiteten Stätten hindeuten würde. So deutet der junge Jesus in Luk.2,49 an, dass der Tempel in Jerusalem das Haus seines Vaters sei. Jahre später deutet der nun be-

reits erwachsene und getaufte Jesus gemäß Joh.2,19 an, dass er selbst der Tempel (das Haus seines Vaters) sein würde.
Noch später sagt Jesus im Johannes Evangelium 14,2, dass in diesem Haus viele Wohnungen seien, wodurch in Verbindung mit den zuvor angeführten Textabschnitten deutlich wird: das Haus des Vaters ist der Gekreuzigte selbst! Sein Leib, hingegeben für viele zum Leben. Somit gibt es keine Verschiedenheit zwischen dem Haus Gottes selbst und dem Ort des Dort-Seins wo Christus ist, denn Christus ist das Haus Gottes; wer eine Wohnstätte im Hause Gottes bezieht, ist genau dort, wo Christus ist. Für "besondere Wohnungen", für "besondere Christen" gibt es keinen biblischen Anhalt.
Blickt man hinter die mitunter potemkinsch anmutenden Fassaden der Kirche, dann bricht für viele Ernüchterung aus (für andere ein Kartenhaus zusammen). Bleibt hier tatsächlich eine Geschichte der großen Träume, der großen Trauer und der bitteren Erkenntnis: Steckt ab Bischof aufwärts in jeder NAK-Führungskraft vielleicht etwas von Dr. Jekyll und Mister Hyde?
Es war falsch, ist falsch und wird falsch bleiben, wenn man sich den schmalen Weg noch schmaler macht, z.B. durch falsch verstandene biblische Aussagen oder unbegründete, ausschließlich systemische "Regeln" (Fehr: Gebötlein) wie dies jahrelang geschah, durch Stammapostel Fehr zwar lapidar, aber ohne Konsequenzen bedauert. Die Kirche bleibt zu einem mea culpa systemisch unfähig. Wenn Gläubige etwas nicht verstehen oder nicht nachvollziehen können, dann müssen sie Fragen stellen. Denn vernünftig sein heißt auch hinterfragen. Nur so können die Menschen, die Gemeinde und die Kirche das Verständnis vom Felsenamt und sich selbst weiterentwickeln.

## 3. Die Funktion der Vernunft

Weitere Einwände müssen bei der Diskussion um Fragen nach theologisch-biblischer und damit selbstverständlich auch eschatologischer Glaubwürdigkeit berücksichtigt werden, da Glaubwürdigkeit auch und gerade im Bereich von religiösen Lehren immer an rational erklärbare Sachfragen geknüpft sein muss, um nicht im Bereich willkürlichen Aberglaubens zu landen. Nicht zuletzt vor der unverrückbaren Grundbedingung der Notwendigkeit von Glauben und Vernunft dürfen Glaubenswahrheiten, wollen sie sich auf göttliche Legitimation berufen, sich auch nicht gegenseitig widersprechen oder ausschließen. Sie müssen vielmehr, wollen wir Vernunft als gottgeschenktes Glaubens- und Erkenntniskorrektiv wahrnehmen, im Einklang mit den von ihr postulierten Grundbedingungen stehen, da Glaube ansonsten in den Abgrund menschlicher Willkür und geistiger Manipulierbarkeit stürzen müsste. Vernunft und Glauben sind und waren nie Gegenspieler, sie wurden in ganz bestimmten kirchlichen Kreisen und Glaubensgemeinschaften nur aus Gründen der Kontrolle, der kirchlichen Machtausübung und fälschlichen biblischen Vorstellungen zu solchen hochstilisiert. Vernunft und Glauben sind vielmehr Geschwister, welche auf der Gratwanderung zwischen Skepsis und Skeptizismus den rechten Halt und ein vernünftiges Blickfeld schenken.

Glaube ist nicht eine Funktion der Unwissenheit, sondern hängt allein von der persönlichen Voreinstellung ab. Diese ändert sich nicht durch philosophische Reflexionen, sondern allein in der Hinkehr zu Jesus Christus, was die Bibel als Bekehrung bezeichnet.

Den nicht bekehrten Menschen sind Fragen des Glaubens eine Torheit (1.Kor.1,18), und er kann sie nicht verstehen (1.Kor.2,14).

Der von Christus erfasste Mensch jedoch wird in alle Wahrheit geleitet (Joh.16,13), sein Glaube hat ein festes Fundament (1.Kor.3,11), und sein Glaube ist etwas äußerst Gewisses (Hebr.11,1).

Das Heil hat Gott selbst in Jesus Christus erwirkt; die Verkündigung aber hat er Menschen anvertraut. Es ist der Wille Gottes, dass Jünger Jesu die Aufgabe wahrnehmen, auch andere Menschen zu Jüngern machen und sie biblisch zu unterweisen. (Matth.28,19-20)

"So dürfen wir im Namen des Herrn, der Himmel und Erde gemacht hat, auftreten, denn wir sind Gottes Mitarbeiter." (1.Kor.3,9)
Zu dieser Mitarbeit sind alle an Jesus Christus Gläubigen aufgerufen und werden eines Tages danach beurteilt werden, was sie mit diesem anvertrauten Evangelium erwirkt haben. (Luk.19,11-27)
Der höchste im Ausland akkreditierte Vertreter einer Regierung ist der Botschafter. Er ist bevollmächtigt, beglaubigt und gesandt, um vollgültig im Namen seiner Regierung aufzutreten.
Nicht weniger als in diesem hohen Stand eines Botschafters hat uns der Sohn Gottes bei der Evangeliumsverkündung gestellt, denn im Neuen Testament heißt es ausdrücklich: *"So sind wir nun Botschafter an Christi statt, denn Gott vermahnt durch uns; so bitten wir nun an Christi statt: Lasset euch versöhnen mit Gott!"* (2.Kor.5,20).
Jesus sagt in Lukas 10,16: *"Wer euch hört der hört mich."* Unsere Legitimation ist also keine selbst ernannte, sondern eine von Gott autorisierte. Hier soll nicht die Art der Hermeneutik kritisiert werden, die ergebnisoffen exegesiert, sondern jene, die zielorientierte Exe- oder gar Eisegese betreibt. Letztere ist dann kein Ringen um das Verstehen mehr, sondern um die Abstützung eigener Lehren durch die Bibel.
Ohne eine auf Wissen und Erkenntnis gegründete Vernunft würde der Glaube zum Aberglauben verkommen, dessen Einforderungsbeliebigkeit keinerlei Unterscheidungskriterien mehr böte, was falsch und was richtig ist. Unterscheidungskriterien, deren Fehlen dann auch tragisch zu spüren wäre in der Frage nach der Qualität der Geistesfrüchte und letztlich in prinzipieller Unterscheidungsnotwendigkeit, wahre von falschen Aposteln (Lehrern, Geistern usw.) auseinander halten zu können.
Wahrheit würde lediglich institutionalisiert und Kirchesein weitgehend auf den institutionellen Aspekt beschränkt, was zwangsweise dazu führt, dass man Kirche beispielsweise als vollkommene Heilsanstalt sieht. In scharfer Abgrenzung zu der Welt und ihren Gemeinschaften und ihren Programmen sowie gegenüber anderen christlichen Konfessionen versteht sich Kirche dann als

eine festgefügte Schar der Auserwählten und der Unterschied zwischen den Aposteln und den einfachen Mitgliedern wird dabei noch einmal ganz besonders herausgestellt.

Nicht zuletzt deshalb bedarf die Neuapostolische Kirche einer weiterführenden Veränderung, einer Renaissance, wie StAp Fehr es ausdrückte. Wie sie aussehen könnte, beschreiben die "Blankeneser Thesen" zur Erneuerung der NAK:

1.) Die Kirche soll eine lebendige, christliche Gemeinschaft mit unverwechselbarem Profil sein und einen unverzichtbaren Platz im Kanon christlicher Gemeinschaften haben.

2.) Ihre Struktur ist die einer Amtskirche. Die Amtsträger dürfen aber nicht als Mittler zwischen den Mitgliedern und Gott stehen, sondern das direkte Verhältnis der Gläubigen zu Gott fördern.

3.) Die Kirche bedarf eines Katechismus, der auf eine, in der Christenheit allgemein akzeptierte Auslegung der Hl. Schrift basiert. Davon abweichende Sonderlehren bedürfen einer ganz eindeutigen Grundlage in der Bibel.

4.) Ihr theologisches Fundament hat sich nach anfänglich fester Gründung im Testimonium der katholisch-apostolischen Kirche zu sonderlichen Auslegungen einzelner Passagen der Hl. Schrift reduziert. Dies bedarf einer Korrektur.

5.) Die Begeisterung für Jesus Christus als König und Bräutigam muss zentrales Kennzeichen ihrer Ausstrahlung sein.

6.) Neben der Heilserwartung der Wiederkunft Christi, muss die alltägliche Nähe Jesu in den Herzen der Mitglieder brennen.

7.) Die Schwerpunkt des Apostolats liegt bei Jesus Christus, nicht in der Hervorhebung besonderer Amtsvollmachten.

8.) Die unselige Vermischung von Amt und Funktion der Apostel mit geistlicher und kirchlicher Management-Tätigkeit sollte aufgehoben werden.

9.) Die in 1. Korinther 12 und 14 beschriebenen göttlichen Geistesgaben, müssen wieder einen größeren Raum einnehmen.

10.) Trotz weltweiten Wachstums kommt es im Stammbereich Europa zu einem Besorgnis erregenden Mitgliederschwund. Dem ist nur durch eine Neuausrichtung auf originär-christliche Inhalte und einer Neubelebung des Glaubens zu begegnen.

11.) Die Kirche bedarf eines lebendigen, vorbehaltlosen Dialogs über Glaubensfragen auf Augenhöhe. Diese Diskussion muss transparent und offen geführt werden.
12.) Erneuerungen im Führungsstil wie bei 'Dienen und Führen' müssen auch auf Kirchenleitungs- und Bezirksebene durchgesetzt werden.
13.) Die Kirche muss ihre Irrungen, als von Menschen geführte Institution, eingestehen. Zu diesem *mea culpa* gehört das Eingeständnis, dass sich die Bischoff-Botschaft allein deshalb nicht erfüllen konnte, weil sie unbiblisch war. Sie muss ihre historische Rolle im NS- wie auch im SED-Staat als opportunistisch begreifen und sich für diese Haltung bei den Opfern und in der Öffentlichkeit entschuldigen.
14.) Die Kirche darf nicht länger das große Potenzial weiblicher Glaubenskraft ignorieren. Frauen muss endlich der Zugang zu allen Amtsstufen gewährt werden. Die Berechtigung dazu sollte in einer zeitgemäßen Deutung der Bibel liegen, nicht in einem Mangel an männlichem Potential.
15.) Die zentralen Inhalte des Christentums müssen deutlicher werden. Dazu müssen Priester, Lehrer und Dirigenten verstärkt theologisch aus- und weitergebildet werden. In den Unterbezirken muss es mindestens einen theologisch versierten Ansprechpartner geben.
16.) Die Gemeinden bedürfen dringend eines lebendigen Wortes und inhaltsreicher Gottesdienste. Dazu bedarf es einer fundierten Prediger-Ausbildung. Ein eigener Sprachgebrauch im Gottesdienst (Neuapostolizismen) sollte vermieden werden.
17.) Die angestrebte Schärfung des Kirchenprofils soll sich in einer spürbaren Lebendigkeit und Gottesnähe ausdrücken und nicht die Folge eines exklusiven Heilsversprechens sein. Diese, Mitchristen ausgrenzende, Intoleranz muss beendet werden.
18.) Die Kirche bedarf eines gleichberechtigten Austauschs mit anderen christlichen Gemeinschaften. Sie sollte ihren selbstverständlichen Platz in der Ökumene finden.
19.) Auch in der Begegnung mit christlichen Gemeinschaften mit einer geringen gemeinsamen Schnittmenge religiöser Überein-

stimmung, sollte sich die Kirche von christlicher Nächstenliebe leiten lassen.[8]

Wo Kirche als heilsbringende Institution verstanden wird und Heil und Glauben usw. damit automatisch institutionalisiert werden, werden Menschen immer dem Versuch erliegen, Kirche und Gott, kirchliches und göttliches Heil, menschliche Mittlerschaft und göttliche Offenbarung identisch zu machen, was zwangsweise darin resultiert, dass erstens auch den Trägern kirchlicher Ämter zumindest mittlerbehaftete unfehlbare Verbindungen zugeschrieben werden und zweitens Kirche zur Bekenntnis orientierten Glaubensinstitution wird.
Damit wird sie, ebenso zwangsläufig wie unweigerlich, hierarchisiert in göttliche Führer und menschliche Führungs- oder gar Befehlsempfänger, in Geistesträger erster und zweiter Klasse, und aus der auf Gott hin ausgerichteten Hoffnungs- und Weggemeinschaft von Christen wird ein Betrieb zur Herstellung von Heilsmittlern und Würdiggewordenen.
Unter der Prämisse göttlicher Ordnung weht Geist dann nicht mehr unter göttlicher Flagge, sondern unter mittlerschaftlicher Obhut, und Wahrheit entscheidet sich am amtsbehafteten Status der Mittler und nicht mehr am Ringen und der Erkenntnis des ehrlich Suchenden.
Die Zwanghaftigkeit hinsichtlich der schlimmen historisch und theologisch nachweisbaren Verirrungen und Fehlentwicklungen in der NAK-Historie, geprägt von Ignoranz und fehlendem Bewusstsein, verwundert. Nicht wegen der Irrtümer an sich, sondern wegen der Amnesie!
Darin zeigt sich die ganze Tragik einer Perspektivverzerrung. In dieser Haltung hat die Kirchenleitung bis heute Tausenden Menschen schweres Leid zugefügt, indem sie unverändert diesen verletzten Menschen wie auch den virulenten Sachverhalten einen angemessenen, von Wahrhaftigkeit getragenen Umgang verwehrt. Eine solche offen zutage liegende Haltung jener, die sich

[8] Blankeneser Thesen, http://wwb.christ-im-dialog.de/documents/5.0.Thesen.doc

als heilsentscheidendes Apostolat Jesu bezeichnen, steht nicht in Relation zur Lehre und Ethik Jesu.
Zu Beginn einer solch ′amtskirchlichen′ Entwicklung sind die Symptome schleichend und lassen sich vor allem von unkritischen Geistern kaum von den angeblichen Glaubens- und Nachfolgenotwendigkeiten unterscheiden, welche meist zusammenhanglos, nach oberflächlich-beliebigen Kriterien und damit tendenziell eisegetisch der Bibel entnommen werden.
Ist der systemische Weg dann erst einmal vorgegeben, lassen sich Änderungen im Nachhinein kaum mehr verwirklichen, da sie immer wieder an der systemischen Wand der Vorgaben abprallen müssen. Nirgendwo ist die jesuanisch geforderte Umkehr deshalb wohl schwerer, als aus falschen oder irrig festgelegten Systemen, denen der Verstand als Wesenserkenntnis der diskursiv und argumentativ operierenden Vernunft schon immer suspekt schien. Das betrifft nicht nur die Zeitgenossen Jesu, sondern wird auch heute noch mit der Attitüde predikaler Unfehlbarkeit und allein selig machender Wahrheiten kirchlicher Mittler praktiziert. Der Leser mag sich fragen, ob dies auch auf die Neuapostolische Kirche zutrifft. Dieser Frage soll im nächsten Kapitel nachgegangen werden.

## 4. Wie exklusiv ist die Neuapostolische Kirche?

Als in den neunziger Jahren die Medien und das Internet auf die christliche Gemeinschaft der Neuapostolischen Kirche (NAK) und ihr Lehr- und Lebensführungsgebäude aufmerksam wurden und Kritiker in der NAK über deren Widersprüche in Büchern schrieben, sah sich die Kirchenleitung gezwungen, "den Deckel auf dem brodelnden Topf" zu lüften und Reformen einzuleiten.
*"Das Werk Gottes ist ihr Sekten-Image* (sic) *leid und braucht eine Renaissance [...] eine Renaissance der Information und Kommunikation"*, mahnte das vormalige Kirchenoberhaupt, Richard

Fehr, Pfingsten 2001 euphemistisch an.[9] Wenn Fehr einen derartigen Wunsch äußert, *"dann muss es doch einen Anlass zur Sorge geben"*, echote die Kirchenzeitung ´UF´.
Überall auf der Welt werde die NAK als Kirche wahrgenommen, nur nicht in Europa. Man wolle nicht länger als Paria gelten, sondern sich, wie etwa die Siebenten-Tags-Adventisten, zu einem akzeptierten Partner im ökumenischen Gespräch entwickeln. Deshalb verstärkten Fehr und sein Nachfolger Leber die Kommunikation nach innen und außen und leiteten behutsam Veränderungen ein. Dieser Prozess der Erneuerung lässt sich aber nur sehr schwer durchsetzen.[10]
Folgerichtig sah sich die Neuapostolische Kirche International (NAKI) in einer Stellungnahme am 24. Januar 2006 veranlasst, "das Verständnis von Heil, Exklusivität, Heilsnotwendigkeit des Apostelamtes und Nachfolge in der Neuapostolischen Kirche" neu zu definieren. Dieser Stellungnahme folgte am 4.12.2007 ein per Satellit übertragener Informationsabend.
Mangels einer eigenen Gesprächskultur innerhalb der Kirche, schlagen seit diesem Informationsabend, vorzugsweise in diversen Internetforen, Gesprächen und Verlautbarungen, die Wellen der Empörung hoch. Viele Experten, Theologen und Religionswissenschaftler sehen sich durch den demagogischen Bericht des Informationsabends über die Folgen der Bischoff-Botschaft in ihrer Skepsis gegenüber der NAK-Leitung bestätigt. "Leber und andere lavierten", so der Schweizer Historiker und Soziologe Christian Ruch. Sie praktizierten eine "Quadratur des Kreises" (Annette Kick) und einen "Schlingerkurs" (Helmut Obst), der *"garantiert nicht in die ACK, sondern ins Abseits führen werde."* Von einem Irrtum, oder sogar Kalkül Bischoffs auszugehen, scheint immer noch jenseits aller Vorstellungskraft der Kirchen-

---

[9] In seinem Grußwort an die europ. Apostel, das als Handlungsaufforderung zu verstehen war, vgl. auch Beat Sigrist, Auf zur Renaissance, Mut zur Erneuerung, Bülach 2006

[10] Vgl. Interview von "gk" mit Ap. Wilfried Klingler 2006: http://www.nak-mitteldeutschland.de/aktuelles/nachrichten/2006-09-interview-bap-gk.html

leitung zu liegen. Das vormalige Kirchenoberhaupt, Richard Fehr, erklärte noch 1995: *"Wir halten daran fest, dass der Stammapostel* (Bischoff) *sich nicht geirrt hat."*
Viele NAK-Mitglieder entrüsten sich vor allem darüber, dass die Unfehlbarkeit des vormaligen Stammapostels Johann Gottfried Bischoff nicht berührt oder angezweifelt wird, sondern weiterhin *"die fehlende Ausrichtung einiger Apostel am Stammapostel als eine der tieferen Ursachen"*[11] für Austritte und Abspaltungen als Folge seiner *"Botschaft, Jesus käme zu seiner Lebenszeit"*[12], zu betrachten sei.[13] Ein Irrtum Bischoffs zu einem angeblichen Austrittmotiv des Bezirksapostels Peter Kuhlen, oder um es genauer auszudrücken, ein kirchenpolitisches Kalkül, will die Kirchenleitung bis heute nicht eingestehen, obwohl sie genau weiß, dass sie darum letztlich nicht herumkommt.[14] Dabei hatte Johann Gottfried Bischoff selbst formuliert: *"Es ist nichts so absurd, als dass es nicht geglaubt würde."* Traurigerweise sollte er mit dieser Binse Recht behalten. Die Apostel Peter Kuhlen und Otto Güttinger wollten nicht eine eigene Gemeinschaft gründen. Sie haben sich nur gegen unbiblische Lehrauffassungen gewehrt. In der Literatur sind Hinweise zu finden, dass Kuhlen nach Bischoffs Tod den Zusammenschluss unter dessen Nachfolger, Walter Schmidt, wieder suchte.[15] Der lehnte jedoch ab. Dies spricht deutlich gegen das Gehen eines eigenen Weges und für die systemische Verbohrtheit einer theologischen Ideologie.[16]

---

[11] 2. Informationsabend der NAKI zum Selbstbild der NAK, Zürich 4. 12. 2007

[12] Stammapostel J.G. Bischoff im Weihnachtsgottesdienst am 25. 12. 1951 in Gießen

[13] Die ev. Sonntagszeitung unter der Überschrift "In die ACK oder ins Abseits" vom 11.9. 2008, online

[14] Peter Kuhlen hatte kein Trennungsmotiv, vgl. vorletztes Foto auf: http://www.nak-nrw.de/aktuelles/berichte/090610_stammapostel-trifft-nak-zeitzeugen/

[15] Vgl. Hans-Eduard Winter, Gott hat Wege in der Wüste. Die verstoßenen Kinder der Neuapostolischen Kirche, eine Dokum. der Abspaltungen der NAK (1863-2000), S. 106

[16] Vgl. Hermann Häring, Theologie und Ideologie, 2001

Der historische Vorgang der Amtseinsetzung Kuhlens lässt sich ebenso gut verifizieren. In der Aussonderung des damaligen Bezirksapostel Peter Kuhlen zum Stammapostelhelfer, mit der Option auf das Stammapostelamt, führte der Stammapostel J.G. Bischoff damals aus:
*"...Apostels Kuhlen als meinen Nachfolger ihre Zustimmung gegeben. Und dieser Tag ist zur Aussonderung des Apostels Kuhlen als zukünftiger Stammapostel vorgesehen. Solange ich noch da und arbeitsfähig bin, ist er mein Helfer. In dem Augenblick aber, wo ich infolge Krankheit oder sonstwie vom Herrn abberufen werde, tritt er ohne weiteres an meine Stelle. So will ich nun heute die Handlung vollziehen und ihm Amt und Auftrag übergeben, so daß dann die Sorge um die zukünftige Führung des Werkes von den Aposteln genommen ist. Nun rechnen ja viele der Brüder und Geschwister damit, daß der Herr zu meiner Zeit kommen würde. Dazu bemerke ich: Ich habe noch nie gelehrt, daß der Herr das tun müßte. Zu glauben, daß der Herr zu unserer Zeit kommt, das kann uns niemand verbieten und wird auch nicht verboten, denn die, die ein Ziel vor Augen haben, bereiten sich auch entsprechend vor. Das Ganze aber hat mit dem Tag des Herrn absolut nichts zu tun. Als Vater Niehaus mich im Jahre 1924 als seinen Nachfolger eingesetzt hatte, war er noch sechs Jahre dienstfähig gewesen. So kann der liebe Gott auch mir noch Zeit zulegen zum Dienste; Apostel Kuhlen ist dann in dieser Zeit mein Helfer. Also das Stammapostelamt wird er übernehmen mit dem Augenblick, wo ich dienstunfähig werde oder der Herr mich abberuft. Diese Einsetzung ändert an der Stunde des Kommens des Herrn absolut nichts, und es wäre töricht, jetzt auf einmal glauben zu wollen, daß nun der Herr wegen der Einsetzung noch lange nicht käme. Ein solcher Gedanke wäre völlig abwegig, denn was im Ratschluß Gottes, des Vaters, festgesetzt ist, wird durch keine Sache, weder durch Engel noch durch Menschen verändert. Nun will ich mich an Apostel Kuhlen wenden, denn er hat ja dazu ja oder nein zu sagen."*
Frage des Stammapostels an Apostel Kuhlen: *"Wollen Sie in der Zeit, wo ich noch arbeiten kann, mein treuer Helfer sein, und wollen Sie, wenn mich der Herr von hinnen gehen läßt, dann das*

*Stammapostelamt in gottgewollter Weise verwalten im Glauben, in der Liebe, in einer lebendigen Hoffnung und in unverbrüchlicher Treue? Wenn das Ihr fester Wille ist, bestätigen Sie das durch ein Ja. "*
Apostel Kuhlen antwortete: *"Ja!"*
Darauf Stammapostel Bischoff: *"Im Namen und Auftrag des Apostelkollegiums nimm hin das Stammapostelamt,* ***dazu den Amtsgeist in dem Namen Gottes des Vaters, des Sohnes und des Heiligen Geistes!*** *Dieser Geist mache in Dir das Amt lebendig; er sei in Dir die treibende und führende Kraft, um Vorgänger und Vorbild sein zu können. Trage die Schwachen in Geduld und Langmut, richte das Niedergebeugte auf und stärke das, was schwach und hinfällig wird. Der Geist des Herrn, der Dir zu diesem Amte gegeben ist, bewahre Dich auf dem Wege, auf den der Herr Dich gestellt hat, und der Engel des Herrn sei Dein Schutz und - Schirm und bewahre dich vor dem Verderben, das da überall in Erscheinung treten wird. Dazu nimm hin den Segen Gottes des Vaters, des Sohnes und des Heiligen Geistes. Der Friede von Christo Jesu sei mit Dir. Amen."*[17] (Hervorhebung des Verf.)
Später relativierte Stammapostel Bischoff die von ihm durchgeführte Amtshandlung, indem er nunmehr behauptete, dass die Einsetzung von Bezirksapostel Kuhlen deshalb nicht rechtens gewesen wäre, weil ihm der liebe Gott noch keinen Nachfolger gezeigt hätte. Welch eine Aussage, setzte er doch drei Jahre vorher seinen Nachfolger ein, den er drei Jahre später nicht mehr anerkennen will. Dieser Behauptung schob er die Erklärung nach, Kuhlen wäre erst im 2.Wahlgang gewählt worden, weshalb die Einsetzung ungöttlich gewesen wäre.
Zur Erinnerung: Der spätere Stammapostel Urwyler wurde auch erst im 2.Wahlgang gewählt. Niemand hat das in der Folgezeit beanstandet oder rückgängig machen wollen. Auch die von Bischoff nachgeschobene Behauptung, er hätte Kuhlen nur im Na-

---

[17] Apostolischer Observer NL, Bron: "Johann Gottfried Bischoff", Edition Verlag Friedrich Bischoff, Frankfurt/a. M. 1997, Vgl. Apostel Erwin Kindler in der Zeitschrift "Der Herold", Nr.7/8/9.1./15.April und 1. Mai 1970. Apostel Peter Kuhlen – Ein Leben für den Herrn, S. 55

men und Auftrag des Apostelkollegiums eingesetzt, aus diesem Grund wäre die Einsetzung nicht gottgewollt gewesen, war in sich unlogisch und entwertet zudem seine eigene Amtshandlung, indem er vergaß, mit welchen Worten er den Satz vom Apostelkollegium fortsetzte: *"...* ***dazu den Amtsgeist in dem Namen Gottes des Vaters, des Sohnes und des Heiligen Geistes!*** *Dieser Geist mache in Dir das Amt lebendig; er sei in Dir die treibende und führende Kraft..."* (Hervorhebung des Verf.)

Jens Joachim[18] stellt treffend fest: *"Ich bin der Auffassung, dass die Beiträge und Schilderungen aus jener Zeit durchaus zur Meinungsbildung beitragen. Sie dürften zudem in vielen Gemeinden bei der älteren Generation sogar mehrheitsfähig sein. Den Vergleich mit "Opium" für das Glaubensvolk hat schon der frühere Apostel Sepers gezogen - wie ich meine, zu Recht! Viele Gläubige ließen sich doch von Botschafts-Predigten geradezu berauschen. Der fanatisch anmutende Glaubens-Trip ging doch so weit, dass man fast schon vergaß, zu leben! Ich kenne genügend Beispiele, wo "die kleinen Hitler" den Gläubigen seinerzeit den Rat gaben, nicht zu studieren, sich nicht operieren zu lassen oder ähnliches. Stand in den fünfziger Jahren noch Christus und biblische Lehre im Mittelpunkt oder waren es nicht doch eher die mit "göttlichem" Fluidum verbrämten Äußerungen eines immer älter werdenden Kirchenführers?*

*Dem 1948 zum Stammapostel ausgesonderten Stammapostel Peter Kuhlen ging es doch gerade darum, auf die Schrift zu verweisen und die Kirche auf die einzig gesunde Grundlage - die des Evangeliums - zu stellen, wie es der evangelische NAK-Beobachter Kurt Hutten aus Anlass der Verabschiedung Kuhlens in den Ruhestand sinngemäß schrieb. Man sollte in diesem Zusammenhang auch immer die Zeitumstände sowie die soziologische Herkunft der damaligen Kirchenführer - das schreibe ich jetzt bewusst so, weil in der NS-Zeit bewusst Parallelen zwischen der Staats- und der Kirchenführung gezogen wurden - mit berücksichtigen. Es ist aus meiner Sicht auch unredlich, wenn heute in Apostel-Predigten Kontinuitäten etwa zwischen dem Gottes-*

---

[18] Redakteur des Webmagazin "naktuell"

*dienst von Stammapostel Bischoff Anfang der fünfziger Jahre in der Frankfurter Festhalle und dem EJT*[19] *suggeriert werden, so als wäre damals im vermeintlichen "Erlösungswerk Gottes" genau so gepredigt worden wie heute. Ich bin auch der Ansicht, dass sich viele ältere Geschwister selbst nicht eingestehen wollen (und vielleicht auch nicht mehr können), dass sie seinerzeit von ihrem großen Glaubensführer ziemlich hinters Licht geführt wurden und sie seinerzeit an etwas Falsches geglaubt und falsch gehandelt zu haben.*
*Es ist sicher schwierig, erkennen zu müssen, dass die vermeintliche "Botschaft" DAS Grundübel und DER Kardinal-Fehler der ganzen Trennungszeit war. Aber es ist immer gut, aus Fehlern zu lernen - auch nach mehr als 50 Jahren. Und wenn jetzt auch neuapostolische Zeitzeugen in NRW zum Thema befragt werden sollen, dann sage ich: Nur Mut zur selbstkritischen Aufarbeitung nicht nur der Kirchen-, sondern auch der eigenen Lebensgeschichte!"*[20]
Das Dilemma der NAK ist offenkundig: Wenn sie sich nicht deutlich von der Prophezeiung des apostolischen Theokraten Bischoff distanziert, wäre das für ihre Kritiker und die reformwilligen Kräfte innerhalb der Kirche der Beweis, dass sie zu Reformen nicht willens und/oder fähig ist, kommt es jedoch zu einer Distanzierung, besteht angesichts der jahrzehntelangen Rechtfertigung die Gefahr, dass die NAK nicht nur das bisher sakrosankte Amt des Stammapostels diskreditiert, sondern auch jene älteren Mitglieder desavouiert, die stets bereit waren, die Rechtfertigung Bischoffs gegen alle Kritik mitzutragen.
Das Oberhaupt der Kirche sollte wissen, dass öffentlich bekundete Versöhnungsbereitschaft wie beim EJT allein nicht ausreicht, um den seelischen Schaden an vielen tausend Gläubigen wieder

[19] EJT-Europäischer Jugendtag der Neuapostolischen Kirche vom 21. bis 24. Mai 2009

[20] Jens Joachim, Zur Versöhnungsgeste von Stammapostel Leber beim EJT in: naktuell.de vom 10.6.2009, vgl. J. Rudolf Stiegelmeyr, Der Traum von einem der auszog, seine Botschaft zu verkünden, 2007, Akten Peter Kuhlens, Die Bischoff-Connection, nakobserver.nl, 14.11.2005

gutzumachen. Dazu gehört a priori das Eingeständnis, dass die zum Dogma erhobene Bischoff-Botschaft nicht nur aus kirchenpolitischen Gründen falsch war, sondern auch deshalb, weil sie gegen das Evangelium verstieß, und alle in Folge daraus entstandenen Handlungen ebenso falsch waren. Die historische Erinnerung und die Ethik der Gegenwart sind nicht kompatibel, aber ein *mea culpa* kann die Kirche aus den Fesseln einer fundamentalistisch-sektiererischen Vergangenheit befreien.[21]
In diesem Zusammenhang dürfte interessant sein, wie die päpstliche Bibelkommission 1993 zur fundamentalistischen Auslegung Stellung genommen hat: "Das Grundproblem des fundamentalistischen Umgangs mit der Hl. Schrift besteht darin, dass er den geschichtlichen Charakter der biblischen Offenbarung ablehnt und daher unfähig wird, die Wahrheit der Menschwerdung selbst voll anzunehmen. Für den Fundamentalismus ist die enge Verbindung zwischen Göttlichem und Menschlichem in der Beziehung zu Gott ein Ärgernis. Er weigert sich zuzugeben, dass das inspirierte Wort Gottes in menschlicher Sprache ausgedrückt und unter göttlicher Inspiration von menschlichen Autoren niedergeschrieben wurde, deren Fähigkeiten und Mittel beschränkt waren. Er hat deshalb die Tendenz, den biblischen Text so zu behandeln, als ob er vom Hl. Geist wortwörtlich diktiert worden wäre. Er sieht nicht, dass das Wort Gottes in einer Sprache und in einem Stil formuliert worden ist, die durch die jeweilige Epoche der Texte bedingt sind. Er schenkt den literarischen Gattungen und der menschlichen Denkart, wie sie in den biblischen Texten vorliegen, keinerlei Beachtung, obschon sie Frucht einer sich über mehrere Zeitepochen erstreckenden Erarbeitung sind und Spuren ganz verschiedener historischer Situationen tragen.
Der Fundamentalismus betont über Gebühr die Irrtumslosigkeit in Einzelheiten der biblischen Texte, besonders was historische Fakten oder sogenannte wissenschaftliche Wahrheiten betrifft.

---

[21] *"Wir sind schuldig geworden, indem wir Traditionen mehr Bedeutung geschenkt haben als dem Wort der Heiligen Schrift."* Bußgebet der VAG, in: Herold, Monatsschrift der VAG, vgl. http://www.blickpunkt-nak.de/Blickpunkt%20pdf/Blickpunkt%2003-2005.pdf, S. 22f

Oft fasst er als geschichtlich auf, was gar nicht den Anspruch auf Historizität erhebt; denn für den Fundamentalismus ist alles geschichtlich, was in der Vergangenheitsform berichtet oder erzählt wird, ohne dass er auch nur der Möglichkeit eines symbolischen oder figurativen Sinnes die notwendige Beachtung schenkt. Oftmals hat er die Tendenz, die Probleme des biblischen Textes in seiner hebräischen, aramäischen oder griechischen Sprachgestalt zu ignorieren. Nicht selten ist er eng an eine bestimmte, alte oder neue Übersetzung gebunden. Auch geht er nicht auf die Tatsache von "relectures" in gewissen Abschnitten innerhalb der Bibel selbst ein.

Was die Evangelien anlangt, so trägt der Fundamentalismus dem Wachsen der Tradition der Evangelien keine Rechnung, sondern verwechselt naiv den Endtext dieser Tradition (das, was von den Evangelisten geschrieben wurde) mit ihrer Erstform (die Taten und Worte des geschichtlichen Jesus). Zugleich vernachlässigt er eine wichtige Dimension: die Art und Weise, wie die ersten christlichen Gemeinden selbst die Wirkung von Jesus und seiner Botschaft verstanden haben. Dabei bezeugt gerade dieses urchristliche Verständnis die apostolische Herkunft des christlichen Glaubens und ist ihr direkter Ausdruck. Der Fundamentalismus macht so den vom Evangelium selbst intendierten Anspruch unkenntlich."[22]

Von den mündig gewordenen Menschen und einem veränderten gesellschaftlichen Umfeld wird in Zukunft ein Druck ausgehen,

---

[22] Vgl. Päpstliche Bibelkommission: Die Interpretation der Bibel in der Kirche vom 23.April 1993 (50 Jahre nach Pius XII "Divino afflante Spiritu"), vgl. auch: Prof. Dr. Walter Kirchschläger, Kanonische Exegese – Was ist das?, http://www.wir-sind-kirche.at/content/index.php?option=com_content&task=view&id=377&Itemid=14,

Wegweisend für die Erforschung des Neuen Testaments sind hier die Arbeiten von Rudolf Bultmann, insbesondere: Die Geschichte der synoptischen Tradition. (Forschungen zur Religion und Literatur des Alten und Neuen Testaments 29), 1921, dann 1970; vgl. ebenso Martin Dibelius, Die Formgeschichte des Evangeliums, 1919

der auch Veränderungen in der Kirche bewirken wird. Wichtiger als untergehende, oft eklektische Strukturen zu bedauern ist, auf das zu achten, was entsteht. Nicht zuletzt kann dabei der Dialog mit den anderen Kirchen und Religionen hilfreich und Erkenntnis fördernd sein. Dies setzte allerdings die Bereitschaft voraus, *"einen auf Augenhöhe geführten Dialog zwischen Amtsträgern und Mitgliedern zu führen"*, nicht nur *"von anderen lernen zu wollen"*, wie das Kirchenoberhaupt, Stammapostel Leber, in einem Interview (IdeaSpektrum) postulierte, sondern auch Hilfe anzunehmen.
Die Schwierigkeiten liegen dabei weniger in den einzelnen Gemeinden, als vielmehr auf der Ebene der Gebietskirchenleitungen. Jede verteidigt ihre eigene Institution. Gerade deshalb kommt der "Bewegung von unten" eine besondere Funktion zu, die die Institutionen beweglich halten könnte.
*"Dies aber bedeutet, dass Religionen* [Konfessionen] *nicht als geschlossene Systeme durch Systemtreue retten, sondern sie tragen zur Rettung und damit zum Heil bei, wo sie den Menschen dahin bringen, ‚nach Gott zu fragen', wie das Alte Testament es ausdrückt, „sein Angesicht und das Reich Gottes zu suchen'."*[23]
Nicht konfessionelle Zugehörigkeit noch Amtsnachfolge und noch weniger ein amtliches Heil entscheiden also über das Heil des einzelnen Menschen, sondern die individuelle Herzenseinstellung in der Frage nach Gott und damit nach göttlicher Wahrheit. Dieser Glaube wächst aus der Erkenntnis und dem Willen, das Erkannte in die eigene Lebenspraxis umzusetzen. Um dies zu ermöglichen, ist Kirche legitimatorisch und notwendig. Dieser Einsicht folgend, sprach NAK-Apostel Rolf Wosnitzka in einer Predigt die bemerkenswerten Worte:
*"Wir können nicht jemandem gegenübertreten und behaupten, die Sündenvergebung habe nur durch Apostel der NAK Gültigkeit. Wir tun damit anderen Gläubigen weh und auch Unrecht an. Wir können auch nicht Andersgläubigen gegenübertreten und behaupten, Heiliger Geist könne nur durch das Apostelamt gespen-*

[23] Joseph Ratzinger, Glaube, Wahrheit, Toleranz, S. 165f

*det werden. Auch damit tun wir anderen Menschen weh und Unrecht."*[24]
Eine bemerkenswerte Einsicht, die, würde sie in die Praxis umgesetzt, die NAK in eine respektierte Kirche christlicher Nächstenliebe verwandeln würde. Viele Gläubige erfahren die notwendigen Reformen als Entwertung dessen, was sie bisher glaubten. Die daraus entstehende Verletzung ihres Selbstwertgefühls führt zu einer starren, unzutreffenden Sicht auf die Realität. Um dieses Defizit zu überwinden, muss man erwachen und erkennen, dass man Illusionen nachgehangen ist. Was aber löst dieses Erwachen aus? Allein der Wunsch zu sehen. Wer glaubt, bereits wach zu sein, wie soll der begreifen, dass er in Wirklichkeit schläft?
Der erst Schritt aus dem Gefängnis des Nicht-Sehen-Könnens besteht in einem bewussten Wandel der eigenen Ansichten. Nichts anderes macht die Würde des Menschen aus, als dass er sein Gewissen zu hören vermag und ihm folgt, und dass er sich nicht in Unverbindlichkeit flüchtet. Wir halten uns für autonom ohne es zu sein. Deshalb müssen wir die Illusion von der Autonomie zerreißen. So können wir erkennen, dass wir in einem Denkgefängnis gelebt haben. Von nun an können wir unseren Glauben nicht mehr auf die Illusion stützen, dass etwas wahr ist, nur weil wir es glauben. Typisch dafür ist die Bemerkung eines Bischofs:
*„Wenn ich mich mit allem beschäftigen und alles lesen würde, könnte ich vom Glauben abfallen!"* Aus diesem Grund lässt er "so was" nicht an sich heran. Wenn man aber negative Dinge verstehen und ändern will, muss man sich mit ihnen beschäftigen. George Orwell prägte zu dieser Haltung den passenden Satz: *"Wenn Freiheit überhaupt eines bedeutet, dann das Recht, anderen Leuten das zu sagen, was sie nicht hören wollen."*
Man kann traurig darüber sein, wie wenig sich in der Kirche seit der unseligen Bischoff-Ära tatsächlich geändert hat. Heute nicht mehr haltbar? Nein, solche Aussagen waren noch nie haltbar! Nicht unter theologischen Gesichtspunkten, nicht unter den

---

[24] In einem Gottesdienst für die Jugend der Bezirke Bautzen und Dresden am 24.6.2007

Grundsätzen der Lehre Jesu und des Evangeliums, auch nicht unter den Maßstäben des gesunden Menschenverstandes. Aber damals haben diese Kriterien in unserer Kirche nicht viel gegolten, alles wurde der Menschenvergötterung untergeordnet. Und leider muss man das Gefühl haben, dass sich daran auch heute nicht sehr viel geändert hat.

Oberflächliche Modernisierungsmaßnahmen können nicht darüber hinwegtäuschen, dass die Grundeinstellung falsch ist. Ohne vernünftiges Grundwissen bzw. Grundverständnis der Aussagen des Evangeliums verstehen viele Amtsträger nicht, was z.B. mit einem Verzicht auf Drohbotschaften gemeint sein soll. Im Gegensatz zur behaupteten Lehre der NAK, findet sich in ihrer Verkündigung in Wahrheit ein buntes Sammelsurium verschiedenster Auffassungen über das Evangelium wieder. Selbst unter Aposteln kann man beobachten, wie einige dem lutherischen Rechtfertigungsbegriff zuneigen, und andere ständig mahnen (zu müssen meinen), das Sündigen endlich zu unterlassen, weil sie Altes und Neues Testament unterschiedslos bis beliebig ihren Ausführungen zu Grunde legen. Es fehlt eine klare Entscheidung: weg vom Gesetzesglauben, hin zum Erlösungsglauben! Die Lehre Jesu ist keine Gesetzeslehre. Er hat eine Erlösungslehre gelebt und verkündet.

Indes sind innerhalb dieses Spannungsbogens alle davon überzeugt, die frohe Botschaft zu verkündigen. So lange aber in der Verkündigung der NAK das Nacherzählen von Gottesdiensten ranghöherer Amtsträger eine größere Rolle spielt als eine echte Auseinandersetzung mit dem Evangelium, besteht keine Aussicht auf wirkliche Änderung. Genau hier beginnt das Dilemma, in dem sich auch die Kirchenleitung sieht: Wer sich selbst theologische Kenntnisse erarbeitet und Predigten zu Grunde legt (die dann wirklich gehaltvoll sind), verwendet vielleicht *"anderweitige Ausarbeitungen zum Bibelwort"*[25] oder liest *"nichtoffizielle Artikel"* womöglich nicht *"kritisch, ob sie nicht in Widerspruch*

[25] Wörtliches Zitat aus "Leitgedanken" Sondernummer 3, vom Oktober 2008, S. 3

*zu unserer Lehre stehen."* [26] Man will die Beschränkung auf die Inhalte, welche die NAK-Kirchenleitung vorgibt, ein weiteres Mal zementieren, so wenig Inhalt diese "Inhalte" im Einzelfall auch haben. Sonst meint man wohl, eine einheitliche Verkündigung nicht sicherstellen zu können. Bezeichnend ist in diesem Kontext die appellative Feststellung: *"Der Amtsträger soll also nicht die Predigt vorbereiten, sondern er bereitet sich auf die Predigt vor."*[27] Wie passt das zu den Zielen der bislang geforderten, aber nicht umgesetzten Seminare "gehaltvolle Predigt"?
Und das war nur der erste Punkt. Die übrigen dürften ähnliche Schwierigkeiten bereiten, wollte man sie umsetzen. Natürlich sollen die Apostel als Gesandte Jesu ihren Sender und nicht sich selbst predigen. "Aber das machen wir doch", hört man sie einwenden. Der Verweis auf den Streit zwischen den Aposteln Kainz und Brinkmann dürfte genügen, als es um die Forderung nach einer "Renaissance im Glauben" ging.
Dabei wäre es so einfach, diese Entwicklung zu stoppen. "Wer seine Missetat leugnet, dem wird es nicht gelingen; wer sie aber bekennt und lässt, der wird Barmherzigkeit erlangen." (Spr.28,13) Mit der Umsetzung dieser einfachen Wahrheit würde eine neue Lebendigkeit in der Kirche beginnen. Ohne Rückbesinnung auf den Ursprung sind das heutige Wesen und die Gestalt einer Organisation und damit auch der NAK nicht erklärbar. Keine andere kirchliche Gemeinschaft der heutigen Zeit ist geprägt von so vielen Lehrstreitigkeiten, Ausschlüssen und Abspaltungen wie sie.
Dafür sind viele Gründe maßgebend. Was Hans Küng in seinem Vorwort zu "Christentum" nennt, finden wir zu einem Großteil bis zum heutigen Tag auch in der NAK: Machtanspruch, Uneinsichtigkeit, Autoritarismus, Lehrdiktatur, Angst, Sexualkomplexe, Dialogverweigerung, rigider Umgang mit Andersdenkenden usw. Für jedes dieser Beispiele gibt es in der NAK belegbare Analogien. Wer stellt sich denn noch die Frage, ob Jesus sich auch so verhalten hätte?

[26] a.a.O., S. 4
[27] a.a.O., S. 3

Leider ist es so, dass die meisten neuapostolischen Christen sich lieber wegducken, lieber nichts Näheres wissen wollen, jede Mitteilung von oben kritiklos als "erfrischend" und "glaubensstärkend" bezeichnen, als sich mutig den Konsequenzen aus der Vergangenheit zu stellen. Zu recht bemerkte der Widerständler Claus Schenck Graf von Stauffenberg: *"Wenn es den unbedingten Mut und Willen zur Konsequenz gilt, sieht man sich allein."* Vieles erkennen wir nur, weil wir die entsprechenden Parallelen und deren erschreckende Auswirkungen in der Vergangenheit kennen. Genau deshalb sind die Kenntnis der Vergangenheit und die daraus möglichen Lehren eine wichtige Voraussetzung für das Verhalten in der Gegenwart und geben Perspektiven für die Zukunft. Last but not least: Wie eine Kirche mit ihrer Vergangenheit umgeht, sagt sehr viel mehr über sie selbst aus, über ihre Vertrauens- und Glaubwürdigkeit und die Wahrhaftigkeit ihrer führenden Exponenten, als sie selbst aktiv zu kommunizieren vermag.

Der 4.12.2007 hat vielen manche liebgewordene Illusion genommen und die Verantwortungsvollen unter den Christen gezwungen nachzudenken. Selbst der Stammapostel hatte nachgedacht und ruderte zurück. Ein einmaliger Vorgang in der Kirche, der Ausdruck ihrer Schwierigkeiten mit der Wahrheit ist. Nach Bollnow wendet sich die Wahrhaftigkeit nach innen, d.h. sie lebt in der Beziehung des Menschen zu sich selbst: *"Sie bedeutet die innere Durchsichtigkeit und das freie Einstehen des Menschen für sich selbst. Eine ehrliche Lüge ist etwas anderes als eine Unwahrhaftigkeit. Die Unwahrhaftigkeit setzt da ein, wo der Mensch sich selbst etwas vormacht, wo er auch sich selbst gegenüber nicht zugibt, dass er lügt, wo er sich die Verhältnisse vielmehr so zurecht legt, dass er sich selbst gegenüber den Schein der Ehrlichkeit wahrt. [...] Viel gefährlicher aber wird es, wenn er sich die Verhältnisse so zurecht legt, dass er seine Aussage und sein Verhalten verantworten zu können glaubt."*[28]

---

[28] Otto Friedrich Bollnow, Wesen und Wandel der Tugenden, zit. nach Ulrich Wickert, Das Buch der Tugenden. S. 229ff.

## 5. Die Spur der Kritik und des Zweifels

Als die Neuapostolische Kirche vor zwanzig Jahren in den Medien von außen und von prüfenden Mitgliedern von innen heftig kritisiert wurde, sah sich Stammapostel Richard Fehr zu einer Stellungnahme veranlasst. So predigte er in einem Gottesdienst: *"Das Wort Kritik steht nirgends in der Bibel. Also hat es bei uns im Werk Gottes auch nichts zu suchen."*[29] Leider hatte er, wie er im Gottesdienst erwähnte, nur seine Wortkonkordanz zu Rate gezogen, sonst hätte er feststellen müssen, dass das Wort "Kritik" sehr wohl in der Hl. Schrift vorkommt.

Es stammt aus dem Griechischen (*Κρητικός, kritikos, krinate, krinein*) und ist demnach im Deutschen ein Fremdwort. Da die Bibel vom griechischen Urtext ins Deutsche übersetzt wurde, wurde das griechische Wort "*kritikos*" und die zum selben Wortstamm gehörenden Worte nicht fremdwörtlich, sondern in ihrer Bedeutung im Deutschen mit beurteilen, unterscheiden und bewerten wiedergegeben.[30] Demnach kommt das Wort Kritik nicht nur im übertragenen Sinn, sondern wortwörtlich in der Hl. Schrift vor. Darüber hinaus finden wir dort mehrfach Begebenheiten, die Kritik zum Inhalt haben.

Um nur ein Beispiel zu nennen, der Apostel Paulus kritisiert das heuchlerische Verhalten des Petrus als es um die Frage des gemeinsamen Essens mit Heidenchristen geht (Gal.2,11). Petrus kommt aber nicht auf die Idee, Paulus deshalb nicht als Apostel anzuerkennen, sondern es wird ein durchaus erbitterter Dialog geführt.

Mit Aussagen wie: *"Wir lassen uns nicht auf die Anklagebank setzen"*[31], wollte Richard Fehr einen solchen Dialog aus begreiflichen Gründen unterbinden. Die neuapostolische Laienkirche kann aber mangels theologisch-fundierter Unterfütterung ihrer

---

[29] Am 17.3. 1991 in Aarau/Schweiz, jemand schrieb ihm: "Waschmaschine steht auch nicht in der Bibel, 5-Sterne Hotel nicht, Flugzeug nicht, Mercedes nicht, und NAK auch nicht."

[30] Vgl. Apg.4,19; 1.Kor.2,13-15; 1.Kor.10,15 und 11,13 sowie 14,29ff

[31] Stammapostel Fehr im Gottesdienst vom 10.12.1996 in Nürtingen

Lehre keine substantiellen Antworten auf geistliche Fragen geben. An einem solchen Beispiel wird deutlich, wie fehlendes Wissen durch eklektische Vorstellungen und Beliebigkeit ersetzt wird, in dessen Folge das damalige Oberhaupt der Neuapostolischen Kirche ein falsches Bibelverständnis entwickelte und predigte, zu irrigen Annahmen und falschen Verhaltensweisen führen kann.
Richard Fehr ist das hoffentlich letzte Beispiel dafür, wohin die jahrzehntelange Marginalisierung der Bibel durch die Kirche als "abgestandenes Zisternenwasser", "vertrocknetes Heu aus der Vergangenheit" und "altes schmutziges Grubenwasser"[32] führt: In die Irre! Dieser (lange verteidigte) Mangel an Kritik und innere Ferne zum Evangelium zieht sich durch die gesamte neuapostolische Kirchengeschichte. Mit teilweise verheerenden Folgen.
Die Kirchenleitung ging in der Vergangenheit einfach darüber hinweg. Darauf angesprochen folgt die lapidare Erklärung, dass man die Dinge heute eben anders sieht. Diese Obrigkeitskirche besteht noch immer und beansprucht bedingungslose Nachfolge auf der vorstehend genannten Basis.
Das wird so nicht mehr funktionieren. Für eine offene, christliche und kommunikative Kirche ist die Hl. Schrift die Basis des Glaubens. Darüber spricht sie mit ihren Gläubigen, nimmt sie ernst und steht mit ihnen in einem christlichen Dialog auf Augenhöhe. Dies aber setzt das Vorhandensein einer Gesprächskultur voraus.
Kritik wird uns in der Bibel als ein notwendiges Element zur Reinhaltung bzw. Korrektur der Lehre und des Verhaltens vorgestellt. Die Kritik im Sinne von Beurteilung und Bewertung wird jedem Gläubigen empfohlen, um sich vor Irrlehren und geistlichen Angriffen falscher Propheten zu schützen. So schreibt Johannes: *"Meine Lieben! Glaubt nicht jedem, der behauptet, dass er Gottes Geist hat. Prüft vielmehr genau, ob es wirklich von*

---

[32] Neuapostolische Monatszeitschrift *"Wächter Zions"* vom November 1896 und
StAp. Krebs: *"die Worte der Hl. Schrift sind mit 'abgestandenen Zisternenwasser' und 'Asche des Gedächtnisses' zu vergleichen"*, in: Wächterstimme vom 1.10.1956

*Gott stammt, was er sagt. Es hat in dieser Welt schon viele falsche Propheten gegeben, die alle vorgaben, im Auftrag Gottes zu reden."* (1.Joh.4,1)

In der Apostelgeschichte stellt Lukas fest: *"Diese aber waren edler als die in Thessalonich; sie nahmen mit aller Bereitwilligkeit das Wort auf und untersuchten täglich die Schriften, ob dies sich so verhielte."* (Apg.17,11).

Und sie untersuchten täglich die Schriften, ob dies sich so verhielte!

Der Begriff Kritik wird zwar hier nicht verwendet, doch weiß man, dass Kritik eine Beurteilung ist und wie sollte man etwas beurteilen, wenn man es nicht zuvor untersucht?

So schreibt der Apostel Paulus an die Thessalonicher: *"prüft aber alles, das Gute haltet fest!"* (1.Thess.5,21). Die Aufforderung, die Lehren derer, die Lehren verkünden, zu prüfen, ist also ein eindeutiges Gebot: *"damit ihr prüft, worauf es ankommt, damit ihr lauter und unanstößig seid auf den Tag Christi."* (Phil.1,10)

Kritik im Sinne von beurteilen ist nicht naturgemäß negativ, denn eine Kritik kann durchaus positiv ausfallen, wie dies in vielen Kritiken, bspw. im Feuilleton der Zeitungen, in Bezug auf Ereignisse und Veröffentlichungen wie Theater, Filme, Konzerte oder Rezensionen oft geschieht. Der Begriff Kritik kommt also nicht nur in der Hl. Schrift vor, sondern er ist ein elementarer Bestandteil der Lehre der Apostel und der Jesulehre. Wir sind dazu aufgefordert alles zu prüfen, was uns von Menschen entgegengebracht wird. Mit "alles" im 1.Thess.5,21 meint Paulus also auch seine eigene Verkündigung. Er war sich bewusst, dass er selbst in der Verkündigung nicht gegen menschliche Schwachheit gefeit war und fordert deswegen die Gemeinde auf, eine Kontrollinstanz zu bilden, um sicher zu gehen, dass er selbst der Lehre Jesu ohne minimale Abweichung folgt.

Deshalb ist die schärfste Kritik die, wenn man jemandem nachweisen kann, dass er sich selbst nicht an die Prinzipien hält, die er für sich in Anspruch nimmt, und was er erreichen könnte, wenn er sich daran hielte. Ein Prüfen ist absolut notwendig, wenn es darum geht, Lehren zu beurteilen und herauszufinden, ob man dem richtigen, dem schmalen Weg oder dem breiten, der am Ziel

vorbei führt, folgt. Dieses Prüfen ist allerdings unbequem, wie der schmale Weg, der steinig und unbeliebt ist. Dagegen ist es bequem, einfach so weiter zu gehen und alles auf sich beruhen zu lassen, so bequem wie der breite Weg, doch werden Christen auf diesem breiten Weg der Bequemlichkeit, der kritiklos-konsumptiven Adaption all dessen, was von "oben" kommt, sicher nicht an das Ziel ihres Glaubens gelangen.
*"Geht hinein durch die enge Pforte! Denn weit ist die Pforte und breit der Weg, der zum Verderben führt, und viele sind, die auf ihm hineingehen. Denn eng ist die Pforte und schmal der Weg, der zum Leben führt, und wenige sind, die ihn finden. Hütet euch vor den falschen Propheten, die in Schafskleidern zu euch kommen! Inwendig aber sind sie reißende Wölfe."* (Matth.7,13-15)
Woran sollen wir prüfen? **An der Schrift**, wie es in Apg.17,11 die Christen in Beröa taten. Die Bibel ist das Wort Gottes, verbindlich und zuverlässig in allen Bereichen des Glaubens und des Lebens. Die verschiedenen Verfasser der Bibel schrieben ihre Botschaft unter göttlicher Leitung (Inspiration): *"Denn die ganze Heilige Schrift ist von Gottes Geist eingegeben. Sie lehrt uns, die Wahrheit zu erkennen, unsere Schuld einzusehen, uns von Grund auf zu ändern und so zu leben, dass wir vor Gott bestehen können."* (2.Tim.3,16)
Die NAK hat in der Vergangenheit stets den ´kindlichen Glauben´ angemahnt, der nicht hinterfragt und kritisiert. Die Mitglieder sollten einfach alles glauben, was die Laien-Amtsträger ihnen sagen und predigen. Demzufolge wurde betont, dass der Verstand dem Glauben nur im Wege stehen würde. Die Hl. Schrift postuliert dagegen: *"Liebe Brüder, seid nicht Kinder, wenn es ums Verstehen geht; sondern seid Kinder, wenn es um Böses geht,* ***im verstehen aber seid vollkommen****"* (1.Kor.14,20). Paulus mahnt zu differenziertem Vorgehen: ***"Prüft alles, und das Gute behaltet"*** (1.Thess.5,21). Das gilt auch für unseren Zugang zur Hl. Schrift. (Hervorhebung des Verf.)
Bezüglich unserer Beziehung zu Gott sind wir auf zuverlässige Informationen angewiesen. Diese finden wir in der Hl. Schrift. Sie zeigen uns, wie wir durch den Glauben an Jesus Christus eine lebendige Beziehung zu Gott bekommen können. Viele Men-

schen haben dieser Botschaft vertraut und daraufhin Gottes Kraft in ihrem Leben erfahren. Die Bibel ist eine gute, zuverlässige Grundlage für die christliche Gestaltung unseres Lebens.[33]
Die Überzeugung, dass Menschen nach Gutdünken an der Bibel herumgeändert hätten, ist in der NAK offenbar verbreitet. Dabei bleibt offen, ob dabei auf sprachliche oder inhaltliche Veränderungen abgestellt wird. Man hat jedoch die Möglichkeit, fast 1.600 Jahre alte Bibeln (*Codex Sinaiticus*), selbst im Internet einzusehen. Älter (aber leider unvollständig) ist nur der *Codex Vaticanus*. Eigentlich weiß man heute, dass es zwischen den heutigen Bibeln und den Übersetzungen des frühen Christentums kaum inhaltliche Divergenzen gibt. Wo solche Divergenzen auftreten, gehen sie zumeist nur auf sprachliche Unpässlichkeiten zurück, weil sich eine Formulierung aus der Quellsprache nicht 100%ig genau in die Zielsprache übersetzen lässt.
Dann wurden manche Bibeln auch auf die Lesergruppe hin übersetzt. Deshalb kann man nicht von einem Gutdünken sprechen, denn daraus könnte man deuten, dass die Bibel heute eigentlich keinen Wert mehr habe, weil sie lediglich noch eine Sammlung aus niederen Gründen manipulierter Texte sei. Das ist aber wissenschaftlich überhaupt nicht haltbar und durch einen Abgleich bspw. mit dem *Codex Sinaiticus* oder dem *Vaticanus* auch recht leicht widerlegt.
Stammapostel Leber erkannte schließlich die Notwendigkeit konstruktiver Kritik, erlaubte sie (*"Ich bin offen für Kritik."*[34]) und bestätigte: *"Etwas* (Anm.: in der Kirche) *zu hinterfragen ist ein Zeichen, dass man sich ernsthaft mit dem Glauben befasst."*[35] Da muss man ihm zustimmen.
In der Praxis gewinnt man allerdings den Eindruck, dass der System- bzw. Lehr-Kritiker nach wie vor als "Nestbeschmutzer" verstanden wird. Anlässlich einer Pressekonferenz[36] äußerte sich

[33] Josh McDowell, Wer ist dieser Mensch?, 1994, S. 33-57
[34] StAp Leber bei seiner Amtseinführung am 15.5.2005
[35] StAp. Leber, Podiumsdiskussion auf dem EJT, 2009
[36] PK am 8.4.2008 anlässlich der Vorstellung des neuen Schweizer Bezirksapostels Markus Fehlbaum in Zürich

Stammapostel Wilhelm Leber selbstkritisch zu aktuellen Entwicklungen innerhalb der NAK. Einmal mehr bekannte er sich dazu, die Kritik an der Kirche ernst zu nehmen: *"Es geht um die Glaubensgeschwister, die auf Distanz zur Kirche gegangen sind und nicht mehr aktiv am Gemeindeleben teilnehmen. Es gibt sicher viele unterschiedliche Gründe dafür. Ich bitte [den neuen Bezirksapostel Fehlbaum], für sachliche Argumente immer zugänglich zu sein und sich* ***vernünftiger Kritik*** *zu stellen"*, so Leber. (Hervorhebung des Verf.)
Hier ist er wieder, der subtil vorgetragene Vorbehalt der "vernünftigen" Kritik! Wer legt fest, was "vernünftige" Kritik ist? Da ist dann jemand der Ansicht, er habe "vernünftige" Kritik vorgebracht, während der Empfänger sie, vielleicht aus persönlicher Empfindlichkeit, als unvernünftig betrachtet und sich ihr deswegen verweigert. Die NAK zeigt durch solche Äußerungen nur, welche Angst sie vor der Mannigfaltigkeit von Kritik nach wie vor hat und wie gerne sie deshalb erreichen möchte, dass man, wenn es denn sein muss, wenigstens nur so kritisiert, wie es ihr ins Konzept passt.
Der Kritiker, so meint man, möchte ja eine Antwort haben, daher könne man ihm anzeigen, auf welche Art von Kritik er, sofern sie nicht als "unvernünftig" eingestuft wird, eine Antwort erwarten dürfe.
Der Theologe Harald Petersen beschreibt die möglichen Folgen: *"Wer mutig Probleme anspricht, wird selbst zum Problem und leider oft als Netzbeschmutzer klassifiziert und ausgegrenzt. Was bisher nur Lehrfragen betrifft, kann massiven Druck nach sich ziehen: Amtsträger, die sich nicht gern hinterfragen lassen, die Angst haben, Fehler eingestehen zu müssen, die befürchten, dass ihr Lehrgebäude einstürzt"*,[37] weil der Mangel an theologischem Grundwissen und pädagogischen Fähigkeiten nach wie vor evident ist.
Aus internen NAK-Dokumenten kann man die Erkenntnis gewinnen, dass die von Stammapostel Leber vielfach geäußerte, neue Kritikbereitschaft der Kirche offenbar eine wirkungslose

[37] Harald Petersen/Heino Welscher, Seelsorge, Kurs 3

Absichtserklärung ist. So stellt die Projektgruppe (PG) "Jugendpflege" treffend fest, *"Kommunikation bedeutet Austausch [...] ohne Kommunikation keine Gemeinschaft"*,[38] macht aber zugleich deutlich, wie mit kommunikativer Jugend und deren kontroverser Diskussion umzugehen sei: *"Bei 'Angriffen' erfolgen keine langen Rechtfertigungen. Ggf. wird die Auseinandersetzung abgebrochen."*[39]
Analog dazu folgt in den Lehrthemen unter der Bezugszeile "Unsere Sprache verrät, wes Geistes Kind wir sind" die Aussage *"Wir wollen uns bewusst machen, dass eine Fülle von Einflüssen die Sprache des Volkes Gottes verfremden oder verflachen lassen kann."* Dazu zählt *"Zweifel und kritischer Geist."*[40]
Mit diesen Lerninhalten von 2003 werden neuapostolische Jugendliche 2009 unterrichtet! Fazit: Diskussionen werden nicht zugelassen (abgebrochen), Zweifel und Kritik verfremden (angeblich) die Sprache des 'Volkes Gottes' und sind deshalb negativ zu bewerten. Unter diesen Umständen entlarvt sich die Sprache als Mittel zum Zweck der Unterdrückung von Austausch und Kommunikation. Hier sei die Frage erlaubt: Wo bleibt die Nachfolge zur Kritikbereitschaft des Stammapostels?
Die Kritik hat demnach, um beantwortet zu werden, im Zweifelsfalle so auszusehen, wie sie dem Empfänger gefällt, weil er sie ansonsten jederzeit als "unvernünftig" abtun könne und sich ihr auch nicht zu stellen bräuchte. Man kann nur hoffen, dass kein Kritiker so dumm oder angstvoll ist, mit seinen Gedanken hinter dem Berg zu halten, nur damit sich jemand ergnadet, ihm zu antworten. Man verzichte lieber auf eine Antwort, als sich durch gefällige Gedanken eine Antwort zu erkaufen. Letztlich ist es dann ausreichend, dass der Kritikempfänger weiß, was der Kritiker zu sagen hat. Wenn ihm das nicht gefällt, braucht er sich

---

[38] NAK-PG Jugendpflege, Arbeitsgrundlagen für Jugendbetreuer (B), 2. Vermittlung von Lehrinhalten, 2.1.1 Grundregel in Diskussionen vom 24.4.2003, S. 2
[39] Ebd.
[40] NAK-PG Jugendpflege, Lehrthemen A2, Glaubenspraxis, Thema 07,Lerninhalte, vom 13. 12. 2003, S. 3

nicht zu stellen, denn der Kritiker möchte nichts verkaufen und muss daher auch nicht darauf achten, dass er gefällt.
Vielmehr ist es im größeren Interesse der NAK, die an ihr aufkommende Kritik zu stillen. Wenn diese Kritik dann so aussieht, wie es ihr gefällt, dann scheint doch für sie alles in Ordnung, ist nichts kritikwürdig. Nur ist damit tatsächlich niemandem geholfen. "Vernünftige" Kritik schreckt niemanden auf, langweilt, macht schläfrig und schafft bei ihrem Empfänger auch nicht unbedingt den Anreiz zum Handeln.
Die NAK muss sich in ihrem eigenen Interesse so einrichten, dass sie der Kritik möglichst wenige Angriffspunkte liefert. Es ist nicht der Kritiker, der sich mit den von der NAK vorgegebenen Angriffspunkten begnügen muss. Die in der NAK sichtbare und hörbare progressive Erneuerungs-Bewegung ist nicht durch "vernünftige" Kritik zustande gekommen, sondern vielmehr durch den Argumentationsdruck, den vielfältige, nicht nachlassende, konstruktive Kritik auslöst. Offenbar möchte die NAK jetzt so etwas wie "Vernunft" dazu anmahnen, womit vermutlich die Art von Vernunft gemeint ist, die die Obrigkeit einem unvernünftigen Untertanen zubilligt. Es ist und bleibt vorläufig die unausgesprochene Furcht der Kirchenleitung vor Fragen, die sie nicht beantworten und vor Argumenten, die sie nicht entkräften kann!
Ein Bezirksapostel stellte dazu fest: *"Es gibt in unserer Kirche zwei Gruppen: eine konservative und eine progressive. Es kommt nur darauf an, welche sich durchsetzt!"* (Armin Brinkmann)
Man sollte meinen, dass sich der Hl. Geist durchsetzen sollte und nicht irgendeine ′Richtung′. Dazu passt eine andere Äußerung Brinkmanns: *"Der Heilige Geist beansprucht nicht, endgültige Wahrheiten zu verkündigen."* Damit sind alle Widersprüche entschuldigt
Nicht zuletzt darf festgestellt werden: Wer Kritik an der Kirche nicht ertragen kann, hat wohl ein falsches Verständnis von der Mündigkeit des Christen. Wer eine heile (NAK-)Welt vorgaukelt, wer Probleme ausblendet, Fragen nicht zulässt, Kritik unter den

Teppich kehrt, Kritiker oder Fragende als Wichtigtuer sieht, kann nicht begreifen, was Christsein ausmacht.[41]
Im Weiteren muss man das neuapostolische Diktum der "Sünde des Zweifels" hinterfragen, entstanden durch laienhafte, (Macht absichernde?) Exegese bestimmter Stellen der Hl. Schrift und deren wortwörtlicher Übernahme, ohne Beachtung des historischen sozio-kulturellen Kontexts und dessen **Bedeutung**. Oft wird die biblische Exegese mit der biblischen Hermeneutik verwechselt oder gleichgesetzt, doch sie sind nicht identisch. Exegese ist die praktische Auslegung eines biblischen Textes, Hermeneutik klärt die Ziele und Beweggründe für diese Auslegung.
Das oft zitierte (gnadenlose) Gesetz aus Jakobus 1,6+7, von der NAK verkürzt: *"Der Zweifler empfängt nichts",* ist ein ebenso klassisches Beispiel von Eisegese, also von tendenziöser Bibelauslegung, wie von den Folgen "blinden Glaubens" ohne jeden gesunden Zweifel. Gerade der Vers 6 bezieht sich eindeutig auf Zweifel in der "Bitte im Glauben", also auf Gott, wie die Kapitelüberschrift deutlich macht ("Aufnehmen und Tun des Wortes Gottes"). Er meint nicht den Zweifel an unterschiedlichen kirchlichen (menschlichen) Dogmen und Vorstellungen.
In der Moraltheologie ist Desperatio (Zweifel) eine Sünde wider den Hl. Geist: Wenn ein Sünder seine Sündenlast erkennt, daraus aber nicht den richtigen Schluss zu Umkehr, zieht, sondern über der Größe seiner Sünden verzweifelt, spricht man von *desperatio*. Der Sünder könnte trotz seiner großen Sünden gerettet werden, wenn er den vorgeschriebenen Weg der Buße gehen würde. Dieser bleibt ihm so jedoch verschlossen, da er denkt, für seine Sünde könne es keine Verzeihung mehr geben. Er zweifelt also an der Gnade Gottes.
Als Paradebeispiel für die *desperatio* könnte Judas angesehen werden. Als "Heilmittel" gegen die *desperatio* dient die Hoffnung (*spes*). Allerdings kann falsch verstandene Hoffnung zur

[41] Kritik könne sich auf *"Aussagen der Predigt, auf den Zustand der Gemeinde, auf den Umgang miteinander oder auf unser persönliches Verhalten"* beziehen, Seelsorgebrief des Bez.Ap Leber, zit. in: glaubenskultur vom 30.3. 2005, "Kadavergehorsam abgelehnt"

Schwestersünde der *desperatio* führen, der *praesumptio.* Deshalb hat Gott dem Menschen neben der Hoffnung auch die Furcht (*timor*) gegeben. Gaufredus Babion fasst dies in folgendem Satz zusammen: *"Spes sine timore praesumptio est; timor sine spe desperatio est."* (Hoffnung ohne Furcht ist vermessene Gnadenerwartung, Furcht ohne Hoffnung ist Zweifel)

Der Mensch wächst heran und hält eine ganze Menge von bewussten und unbewussten Verhaltensweisen, Einstellungen, Auffassungen, Aussagen etc. mit kindlicher Naivität für richtig. Selbst viele Erwachsene machen dies ihr Leben lang. Dies trifft auch auf gläubige Menschen zu, die z.B. ihren Kindheitsglauben adaptiert haben. Es kommt aber auch vor, dass Menschen durch das Kennenlernen anderer Auffassungen, durch wissenschaftliche und philosophische Bildung, durch veränderte Lebenslagen oder durch Schicksalsschläge langsam oder abrupt die Unsicherheit und die Ungewissheit von vielem bemerken, was sie bisher mit Selbstverständlichkeit für richtig hielten. Das heilsnotwendige NAK-Apostulat selbst gibt nachhaltig Anlass für Zweifel (siehe Bischoff-Botschaft und Schisma, NS-SED-Kollaboration etc.)[42]

Allmählich oder plötzlich bemerkt man, dass Aussagen und Verhaltensweisen nicht mit der Wirklichkeit übereinstimmen oder scheinbar nicht übereinstimmen, dass es zu diesen Auffassungen Alternativen gibt, die auch wahr sein könnten. Manche Menschen beginnen dann zu denken (manche selbst dann nicht!).

Religionen versuchen häufig durch Verweis auf einige eisegetisch interpretierte Textstellen der Bibel, einen Zweifel an ihren Aussagen im Keim zu ersticken. Häufig läuft es darauf hinaus, dass bereits der Zweifel an kirchlichen Anordnungen, Heilsversprechen etc. eine Sünde sei, womit man den Kontext der Moraltheologie unzulässig erweitert.

So auch Jean-Luc Schneider in einem Gottesdienst in Afrika, wo er postulierte: *"Auch Zweifel ist Sünde".*[43] Schneiders Aussage

---

[42] Vgl. Wolfgang Welsch, Die verklärte Diktatur, 2009, S. 71ff, http://freenet-homepage.de/qv-nak/nak/Anlage25.pdf

[43] Jean-Luc Schneider, Bez.Ap/Frankreich, in einem GD am 29.3.2009 in Kampala/Uganda,

stellt zumindest klar, dass sich der Zweifler außerhalb der Gemeinschaft "blind Glaubender" befindet, zum eigenen Denken befähigt und sowohl mündig als auch eigenverantwortlich ist. Er selbst fällt allerdings mit dieser Bemerkung in die theokratische Bischoff-Zeit mit ihrem ebenso ´unbezweifelbaren´ Botschaft-Dogma zurück, mit all ihren schlimmen Folgen für die Gläubigen und für die Neuapostolische Kirche.[44]

Den Zweiflern (an seiner Botschaft) in den eigenen Reihen hielt Bischoff damals entgegen: *"Sie meinen, Er [Jesus] wird wohl kommen, aber wer weiß, wann? [...] Ich wünsche nur das Eine, dass all diese Zweifler solange leben, bis der Tag des Herrn kommt. Dann werden sie sehen, welche Ernte ihnen der Zweifel eingebracht hat."*[45] Viele, die meisten, zweifelten nicht. Ihr blinder Glaube fragte nicht nach der Legitimation, weil Denken, Kritik und Zweifel zur Sünde erklärt wurde.[46]

Die geistlich wie geistig gesunden Zweifler um den Bezirksapostel Peter Kuhlen hielten sich als Glaubenschristen an das Evangelium. Dort stand und steht noch immer: *"Von dem Tag aber und der Stunde [der Wiederkunft] weiß niemand, auch die Engel nicht im Himmel, auch der Sohn nicht, sondern allein der Vater."* (Mark.13,30; Matth.24,36; 1.Thess.5,1) An diesem Beispiel wird zum einen deutlich, wie Zweifel imstande ist, Ungöttliches von Göttlichem zu trennen, zum anderen, wie die Abwesenheit von Zweifel zur Stärkung eigener theokratischer Machtvollkommenheit missbraucht werden kann.

---

http://www.apostolischekritiek.nl/Stamapostel%20Leber%20in%20Uganda.htm

[44] Die "Botschaft" hatte zur größten Abspaltung i. d. Geschichte der Kirche geführt, Obst, 84

[45] Materialdienst, a.a.O., 35f, bei Obst, Apostel und Propheten der Neuzeit, S. 83

[46] NAK-Christin im Webmagazin naktuell, 2009: *"...muss ich mir vorwerfen, mich nie mit der Botschaft Bischoffs beschäftigt zu haben. Nachdem ich das nachgeholt habe frage ich mich, wie naiv waren wir NAK-Christen damals eigentlich? Ohne Informationen aus dem Internet, würde ich noch immer so furchtbar eingeschränkt leben."*

Am 1. Juli 1960 erschien ein von J. G. Bischoff verfasster Artikel in der "Wächterstimme". Darin hieß es: *"Schlimm ist es, wenn sich jemand für etwas hält, was er in Wirklichkeit nicht ist. Denn eines Tages kommt die Ernüchterung."*[47]
Am 6. Juli 1960 starb Bischoff. Die Ernüchterung war gekommen, aber sie wurde nicht verarbeitet. Eine Erklärung zur Buße gibt es bis heute nicht.
Indem Schneider neuerlich und undifferenziert vom Zweifel als Sünde spricht, gibt er zu erkennen, dass die Kirche jedes eigenständige Denken und einen damit verbundenen Zweifel, trotz des Aufrufs zur Eigenständigkeit neuapostolischer Christen, nach wie vor als Angriff auf ihre selbstverliehene Macht- und Deutungshoheit sieht. Das Verhalten der Kirche (etwas Reform, gleichzeitig zurück in die Vergangenheit) erinnert an die Politik Lenins.[48]
Die wissenschaftliche Definition von Zweifel kommt dagegen zu dem Schluss: Der Zweifel ist ein emotionaler Zustand und wird als Unsicherheit in Bezug auf Vertrauen, Taten, Glauben oder Behauptung bzw. Vermutung von Tatsachen bezeichnet. Wenn man etwa zwiespältigen Gefühlen (bei Urteilsunentschiedenheit zwischen zwei Möglichkeiten) unterliegt, dann ist man *unsicher*, man weiß etwas nicht genau oder man glaubt etwas nicht – man *zweifelt*.
In der voraufklärerischen Werteordung galt Zweifel als ein Übel, das schnell beseitigt werden sollte. Seit der Aufklärung wurde der Zweifel mehr und mehr aufgewertet und gilt seither als *conditio sine qua non* allen Erkenntnisfortschritts. Erkenntnistheoretiker weisen darauf hin, dass die Bedingungen der Möglichkeit von Zweifel, **der Glaube an** (eine) **Wahrheit** ist. Man denke dabei nur an den Rechtsgrundsatz des "in dubio pro reo" im deutschen Recht.
Nach Peirce ist die Erregung des Zweifels das einzig unmittelbare Motiv für den Kampf um die Überzeugung. Damit ist gemeint, dass die Überzeugung eine Handlung hervorruft, die unsere Wünsche befriedigt. Wenn eine andere Überzeugung auftritt, die

[47] Ebd. S. 84
[48] W. I. Lenin, Ein Schritt vorwärts, zwei Schritte zurück, 1904

eben nicht die Wünsche befriedigt, dann tritt der Zweifel in Aktion, der die unerwünschte Überzeugung ablehnt, sprich bezweifelt. Darum stellt Peirce fest, dass der Zweifel ein Unbehagen und eine Unzufriedenheit ausdrückt, wovon man sich befreien will, um zur Ruhe und Zufriedenheit (Überzeugung) zu gelangen. Die definitive Negation einer Glaubensüberzeugung (z.B. Atheismus) fällt nicht unter den Begriff Zweifel.

Im wissenschaftlichen und praktischen Denken der Gegenwart spielt der Zweifel eine wichtige Rolle, weil er allein das Denken in Bewegung hält. Ohne Zweifel ist keine Erkenntnis möglich. Ohne Zweifel würde uns das praktische Leben zu Handlungsunfähigkeit und Erkenntnisunfähigkeit führen. Und: Glaube steht nicht in Konkurrenz zum Denken! Schneiders apodiktisches Urteil über den "Zweifel als Sünde" lässt erkennen, dass der Mangel oder die Abwesenheit von Aufklärung in der NAK zu angstbesetzten, falschen Werturteilen führt, die in ihrer rigiden Ausschließlichkeit den Charakter einer (An-)Drohung tragen. Zweifel bedeutet, etwas in Frage zu stellen, zu hinterfragen, Hintergründe aufzuzeigen, etwas richtig zu stellen und von allen Seiten, unter Berücksichtigung möglichst aller Aspekte, zu beleuchten.

Schneiders Aussage war indes weder unüberlegt noch irrtümlich. In einem Gottesdienst in Konstanz sattelte er in einer Co-Predigt zum Stammapostel auf und erklärte nunmehr: *"Der Zweifel ist gefährlich [...] er ist eine Krankheit die man ausrotten muss!"*[49] Abgesehen davon, dass man Zweifel nicht ausrotten, sondern nur bewältigen kann, durch Erkennen, Erleben, Überzeugen und Vertrauen, hätte das Kirchenoberhaupt Gelegenheit gehabt, diese undifferenzierte und falsche Aussage zu korrigieren. Dass er es nicht tat, den tendenziösen Begriff "ausrotten" sogar zustimmend wiederholte, mag zwei Gründe haben:

1. Er hält die pauschale Verdammnis des Zweifels aus Gründen der Kirchenräson für System stabilisierend. Die Bedeutung der NS-Terminologie des *"ausrottens einer Krankheit"* ist ihm unbekannt.

---

[49] Jean-Luc Schneider in einem GD am 20.9. 2009 in Konstanz

2. Er hat die Fehlinterpretation der Bibel und die Früchte der Erkenntnistheorie in der Theologie nicht erkannt.
Inhaltslos auch der Kerngedanke seiner Predigt: *"Wie erlangt man einen festen Glauben? Indem man den Unglauben nicht zulässt!"* Eine mathematische Binsenweisheit A = - (- A), mit der man nichts anfangen kann.
Führt das geschlossene Denksystem hier zu einem ′Tunnelblick′, der objektive Bewertungen und Schlussfolgerungen verunmöglicht?
Die Kritik an Schneiders Äußerungen ist kein Ergebnis von Fantasie, dessen holzschnittartige Aussage der eine oder andere Gläubige für sich zu relativieren hätte, sondern beschreibt die Angst vor dem Zweifel schlechthin. Darüber hinaus ist Bezirksapostel Schneider als Elsässer der deutschen Sprache und Geschichte hinreichend mächtig, um die Bedeutung des von ihm verwendeten Terminus zu erkennen. Wenn der Mensch nicht mehr zweifelt, ist der Glaube tot. Da der im NS-Staat für den Genozid an Juden geprägte Begriff "*ausrotten*" in besonderer Weise stigmatisierend wirkt, ist seine Erwähnung und Zuordnung in einer christlichen Predigt bestenfalls gedankenlos. Die falsche Bewertung des Zweifels, wie auch der kolportierte Gedanke vom "*ausrotten*", bezeichnen eine naive, von jeder Erkenntnis unberührte Sicht. Es ist eine voraufklärerische Sicht, die sich mit dem Ansprechen von Instinkten befasst, nicht jedoch mit geistlicher Wahrheit. Der Zweifel ist keine Sünde. Er ist auch genau so wenig eine Krankheit, wie das Gewissen jemals eine jüdische Erfindung war.[50] Der Zweifel ist ein emotionaler Zustand, der durch Unsicherheit in Bezug auf Vertrauen, Taten, Entscheidungen, Glauben oder Behauptungen von Tatsachen entsteht. Wie ging Jesus mit dem Zweifel um? *"Er nimmt sich des Zweifelnden auf dessen Niveau an."*[51]

---

[50] *"Die Tafeln vom Sinai haben ihre Gültigkeit verloren. Das Gewissen ist eine jüdische Erfindung."*, in: A. Hitler nach H. Rauschning, Gespräche mit Hitler, Zürich 1940
[51] Vgl. Lexikon zur Calwer Bibel 2003, Bd.2, S. 1510-1511, 4c

Der Philosoph Nicolai Hartmann, einer der bedeutenden Vertreter des kritischen Realismus, postuliert: *"Der Zweifel ist das sicherste Zeichen des Glaubens!"* (sic)
Apostel Kainz schließt sich dieser Auffassung an: *"Wer noch nie gezweifelt hat, der hat noch nie richtig geglaubt!"*
Was im Umkehrschluss bedeutet: Traditionsglaube ist ein toter Glaube.
Selbst Kirchensprecher Johanning gibt sich nach außen bipolar.[52]
Zusammengefasst sei festgestellt, dass Zweifel und Kritik wichtige Elemente in einem Prozess der Wahrheitsfindung darstellen. Zweifel ist eben keine Sünde! Zweifel ist der Treibstoff der Selbstbewussten.
So kann man sich der Aussage des britischen Philosophen Bertrand Russell anschließen, der ausführt: *"Es ist ein Jammer, dass die Dummköpfe und Fanatiker immer so selbstsicher sind und die klugen Leute so voller Zweifel"* ("The whole problem with the world is that fools and fanatics are always so certain of themselves, and wiser people so full of doubts").
Apostel u.a. Führungskräfte der NAK könnten beispielsweise einen Kurs an der ´Akademie für christliche Führungskräfte´ belegen.[53] Hier kann man lernen, wie man professionell mit Kritik und Zweifel, mit Problemen und Spannungen in den Gemeinden umgeht. *Ubi dubium, ibi libertas* – Wo der Zweifel ist, da ist die Freiheit.

## 6. Der Zeitgeist und die neue Botschaft

Der eigenen Familientradition folgend formulierte auch Stammapostel Leber 2008 in Anlehnung an das Textwort (Römer 12,2)

---

[52] Peter Johanning, Medienreferent NAKI am 5.7.2001: *"Unerschütterlich sein bedeutet sicher nicht, keine Zweifel zu haben!"*

[53] acf: Wir orientieren uns an den biblisch-christlichen Werten. Die Bibel sieht Führung als einen Dienst (Matth.20,26f). Menschen mit Führungsgaben und -aufgaben zu fördern, verstehen wir als einen Dienst im Sinne Jesu Christi. (www.adf.de)

eine neue Botschaft: *"Gestaltet euer Leben nicht nach dem Zeitgeist!"* (*"Lasst euch nicht vom Zeitgeist treiben, schwimmt nicht mit dem Strom der Zeit!"*)[54] Ergänzend brachte er ein markantes Wort in Erinnerung, das einer seiner Vorgänger (Ernst Streckeisen) zu seiner Zeit geprägt hatte: *"Nachfolge bis zuletzt - alles andere ist Leerlauf!"* Was Nachfolge ist, wurde deutlich hervorgehoben: *"Erkennen, wie sich der Herr zeitgemäß offenbart!"*
Alle weiteren aufgezählten Aspekte (*"Orientierung an Christus, Handeln nach dem Willen Gottes, Dem Heiligen Geist viel Raum geben, Tägliches Beten um Weisheit und Kraft, nach dem Willen Gottes zu handeln, Gemeinschaft suchen und pflegen"*) müssen demzufolge aber als untergeordnet interpretiert werden, weil ja dem einzelnen Kirchenmitglied keine eigenständige Ausdeutung dieser Punkte erlaubt ist. In seiner zeitgemäßen Offenbarung, die teilweise wie Zitate aus den 50er Jahren anmuten, nennt Leber als *"Hindernisse bei der Nachfolge"* den Kirchenmitgliedern folgendes Denken oder Handeln:

--Keine eigene Meinung und eigene Sehensweise haben
--Ärger und Enttäuschung nicht Raum geben,
(Achtung, Glaubensproblem!)
--Ungerechtigkeiten nicht beklagen
--Die Nachfolge nicht verlassen, weil man damit Gott verlässt
--Keine Ablehnung von Autorität (Mangel an Gottesfurcht)
--Sich nicht zu sehr auf seinen Verstand verlassen
--Eigene Wünsche und Vorstellungen nicht in den Mittelpunkt stellen
--Keine Großzügigkeit in religiösen Dingen und mit sich selbst haben
--Die Lebensplanung nicht so wichtig nehmen
(Mein Herr kommt noch lange nicht)

Dem fügte er hinzu: *"Ich fühle in meinem Herzen, wir werden alle noch überrascht sein, wenn wir es erreicht haben, wie*

[54] Vgl. NAK-Mitteldeutschland: am 27.1.2008 in Chemnitz

*schnell der Tag des Herrn gekommen ist. Er kommt schneller, als manch einer denkt!"*[55]

Die Verkündigung des Evangeliums stand auch hierbei im Hintergrund. Die Anknüpfung dieser Maßregel an die "Bischoff-Botschaft" ist nicht zu übersehen. Denn nur der, der diese *"Hindernisse überwindet und in der Nachfolge bleibt, der erlebt den Segen der Nachfolge, empfängt Kraft und hat Sicherheit."*[56] Die Gläubigen der NAK müssen also die Autorität der Amtsträger anerkennen und dürfen keine eigene Meinung oder Sehensweise entwickeln, dürfen ihren Verstand nicht zu Rate ziehen, Gefühle wie Ärger und Enttäuschung unterdrücken, eigene Wünsche nicht wichtig nehmen und in religiösen Dingen (dieser Punkt ist extra erwähnt) den Vorgaben der Amtsträger folgen.

Man könnte daraus schließen, schreibt Detlev Streich, "dass der neuapostolische Christ ein von Amtsträgern indoktrinierter, meinungsloser, verstandloser, gefühlsunterdrückter Mensch ist, der seine Wünsche und Vorstellungen hinten anstellt, sich darüber nicht beklagt, andernfalls er seiner religiösen Sicherheit und des Segens verloren geht. Dieses Gottes- und Menschenbild wirft die Frage auf, was das für ein Gott sein sollte, der seine, im *'betreuten Denken'* befangenen Kindern zu unselbstständigen, von jeder Spiritualität befreiten Wesen macht, um sie dann in *'sein Reich'* einzuführen? Diesem verhängnisvollen Menschenbild sollte man Synergien und Ideen mündiger Christen entgegensetzen, um eine nachhaltige Reform der Kirche herbeizuführen. Ein Gott, der die Liebe seiner Kinder erzwingen will, wäre ein anderer Gott. Liebe lässt sich nicht erzwingen. Gott beschneidet seinen Kindern nicht den von ihm gegebenen Verstand und freien Willen oder verbietet ihnen menschliche Gefühle." [57]

In der NAK wird das Wort "Zeitgeist" schon immer dafür verwendet, kritische Worte gegen einzelne Aussagen der Neuapostolische Kirche und ihrer Repräsentanten als antigöttlich zu kenn-

---

[55] Vgl. www.glaubenskultur.de

[56] NAK-Mitteldeutschland, ebd.

[57] Detlev Streich, Webmagazin mediasinres

zeichnen. Es ging den Kirchenführern nicht darum, den Kirchenmitgliedern 'die allgemein vorherrschenden intellektuellen Überzeugungen und Ideen, Meinungen und Lebensauffassungen einer gesellschaftlichen Ära vor Augen zu führen, die das soziologische, kulturelle und religiöse Klima sowie Verhaltensregeln und Ethik einer Zeit oder Epoche bestimmen', sondern man hat dem Begriff in entsprechenden Predigten bewusst einen davon abweichenden Inhalt gegeben: die Kirchenführung fasste darunter immer vom Bösen erzeugte 'Überzeugungen und Ideen, Meinungen und Lebensauffassungen', die sich innerhalb der Kirche, also unter den Mitgliedern, breit machen und die Glaubenslehre bedrängen oder gar verändern wollen.
Das Wort "Zeitgeist" im Sinne der NAK-Lehre, wird missbraucht für alle negativen Entwicklungen außerhalb der NAK. Damit wird die Möglichkeit der eigenen Isolierung erweitert. Genau das hat sich vor einiger Zeit in Chemnitz abgespielt. Niemand wird indes annehmen können, dass die Kirchenmitglieder des Chemnitzer Sprengels es mit dem 'Zeitgeist' (im neuapostolisch definierten Sinn) derart getrieben hätten, dass der Stammapostel es gerade ihnen deutlich hätte sagen wollen, wie ungöttlich und unchristlich doch ihr Wandel vor Gott sei. Dafür gab es sicher keinen Anlass. Alles spricht vielmehr dafür, dass er in Chemnitz die Gelegenheit wahrnahm, seinen persönlichen Emotionen freien Lauf zu lassen, die sich wohl durch die massive Kritik nicht zuletzt an seinem Verhalten bei dem Informations-Abend der NAKI am 4.12.07 bei ihm angesammelt hatten.
Man bedenke: Ein ehemaliger Mit-Apostel und Freund (Gerrit Sepers) hatte sich gerade freimütig und pointiert gegen historische- und Lehrauffassungen der Kirche geäußert, innerhalb des Kreises der Bezirksapostel gab es Widersprüchlichkeiten, von Amtsniederlegungen zuhauf war zu lesen, in Foren kritisierten aktive wie ehemalige Amtsträger und Mitglieder das Verhalten der Kirchenleitung, die Presse sah eine Rückwärtsentwicklung in der NAK etc. Wie viele kritische, möglicherweise auch vorwurfsvolle Briefe mag das Kirchenoberhaupt erhalten haben? Und alles, so wird der Stammapostel wohl empfunden haben,

richtet sich hierbei gegen 'Gottes Werk', gegen die 'göttliche Führung' (also gegen ihn) und gegen 'die Braut'.
Will es da wundern, dass er einen der ersten Gottesdienste in Deutschland im Jahre 2008, also den 27.1.08, dazu nutzte, diesen massiven Angriffen entgegenzutreten? Wohl kaum. Hier bot sich eine Plattform an, auf der der 'Zeitgeist' als operatives Kampfwort den Kritikern und Zweiflern in neuapostolischer Klartext-Manier entgegengepredigt wurde. Der Neutestamentler Klaus Berger stellt dazu treffend fest: *"Kritik und Polemik müssen sein[...] Wer einen Standpunkt hat, dürfte es nicht leicht haben in unserem Land. Stets fühlen sich Menschen [elitär] ausgegrenzt, wenn man nur den Mund auftut."*[58]
Die operative Vorwärtsverteidigung bediente sich zudem einer weiteren, bewährten NAK-Waffe: Die Wiederkunft Christi! Sie wurde seit Bischoff-Zeiten stets erfolgreich gegen den Kritik- und 'Zweifelteuf' in Stellung gebracht, so wie Martin Luther 1534 in seinem "*Sentbrief wider den Saufteuf*" gegen die Trunksucht wetterte. Aus Sicht der Kirchenführung war sie ein gleichsam logischer wie deutlicher "Griff in's Steuer", um das schlingernde Schiff auf Kurs zu bringen: zurück zu alten Ufern.
Vielleicht kommt man der Sache näher, wenn man versucht zu klären, was die Kirche unter Zeitgeist verstehen will. Was ist heutzutage üblich, aber mit christlichen Maßstäben nicht vereinbar? Man denkt an den Begriff der Ellenbogengesellschaft, oder an das "über Leichen gehen", wenn es um Macht, Geld und Erfolg geht. Vielleicht auch an eine immer größer werdende Gewaltbereitschaft in der Gesellschaft, körperlich und seelisch, nicht zuletzt an die Säkularisierung der Gesellschaften des Westens. Wenn der Stammapostel diese Dinge mit einbezieht, kann man ihm vollumfänglich zustimmen. Doch er spricht Dinge an, die keineswegs mit dem negativ besetzten Begriff des Zeitgeistes in Verbindung zu bringen sind, wie Verstand, freier Wille, eigene Meinung haben, oder Autoritäten anerkennen.
Er begründet seine Aussagen mit Worten aus der Hl. Schrift, die bei genauerem Hinsehen gar nicht so eindeutig sind, respektive

[58] Klaus Berger, Widerworte, 2005, S. 8

durch andere Bibelstellen widerlegbar sein können. Zwei Beispiele mögen das verdeutlichen: Gerne wird nach neuapostolischer Sitte gesagt: *"Verlass dich nicht auf deinen Verstand..."*, sinngemäß ein Bibelwort. Zugleich finden wir im Psalm 32 Vers 9: *"Seid nicht wie Rosse und Maultiere, die ohne Verstand sind..."* Gleichbedeutend fordert Paulus auf *"alles zu prüfen und das Gute zu behalten."* Solches geht bekanntlich nicht ohne den Verstand. Fortführend heißt es in Psalm 32 Vers 10: *"Der Gottlose hat viel Plage, wer aber auf den Herrn hofft, den wird viel Güte umfangen"*.
Wer neuapostolische Predigten kennt, wird wissen, dass oft ein entgegengesetztes Bibelwort angeführt wird, nämlich sinngemäß: *"Mein Fuß könnte schier straucheln, wenn ich sehe, wie gut es den Gottlosen geht."* Mit diesen beiden Beispielen lässt sich relativ leicht zeigen, dass nur die Bibelworte Einzug in NAK-Predigten halten, die gerade der momentanen Lehrauffassung entsprechen. Andere Bibelstellen, die Gegensätzliches bezeugen, werden gerne außen vorgelassen. Auf diese Weise kann man mit der Bibel alles Mögliche "beweisen", sei es noch so großer Unsinn. So lässt sich der Begriff des Zeitgeistes gar nicht genau definieren. Was gehört dazu, was nicht? Biblische Worte anzuführen ist immer ein zweischneidiges Schwert, da oft durch andere Bibelworte widerlegbar. Alles liegt in der Betrachtungsweise jedes Einzelnen. So kann es durchaus Sinn machen sich gegen Autoritäten aufzulehnen, wenn sie göttlichen Gesetzen entgegenstehen, ob nun in Wirtschaft, Politik, Familie oder Kirche.

## 7. Kirchengeschichte und neuapostolische Lehre

Wesentliche Lehren der Neuapostolischen Kirche lassen einen Widerspruch zur biblischen Botschaft erkennen. Das lässt sich im textlichen Kontext der Bibel leicht erkennen. Hier einige Beispiele:
**a) Kirche:** Die Apostel sind Mittler zwischen Gott und den Menschen.

**Bibel:** Jesus ist der einzige Mittler: *"Und einer ist Mittler zwischen Gott und Menschen, der Mensch Christus Jesus..."* (1.Tim.2,5)

**b) Kirche:** Das Gnadenamt/Erlösungswerk ist wieder aufgerichtet.

**Bibel:** *"Denn mit* ***einem*** *Opfer hat er für* ***immer*** *die vollendet, die geheiligt werden."* (Hebr.10,14)

**c) Kirche:** Die Bibel ist zwar Grundlage für die Lehre, kann aber die Verkündigung der Lehre nicht ersetzen. ("Fragen und Antworten" Nr.4) Die Bibel kann das zeitgemäße Wort Gottes nicht ersetzen, sie wird als „abgestandenes Zisternenwasser“ gesehen. (Wächterstimme 1.10.56).

**Bibel:** *"Du aber bleibe bei dem, was du gelernt hast und was dir anvertraut ist, du weißt ja, von wem du gelernt hast und dass du von Kind auf die Heilige Schrift kennst, die dich unterweisen kann zur Seligkeit durch den Glauben an Christus Jesus. Denn alle Schrift, von Gott eingegeben, ist nütze zur Lehre, zur Zurechtweisung, zur Besserung, zur Erziehung in der Gerechtigkeit, dass der Mensch Gottes vollkommen sei, zu allem guten Werk geschickt."* (2.Tim.3,14-17)

**d) Kirche:** Die Heilige Versiegelung ist die Spendung des Heiligen Geistes durch einen lebenden Apostel, nur so wird ein Mensch zu einem Kind Gottes. ("Fragen und Antworten" Nr. 218 + 220)

**Bibel:** Das Wort "Spendung" des Heiligen Geistes kommt nicht vor, aber: *"Wie viel mehr wird der Vater im Himmel den Heiligen Geist geben denen, die ihn darum bitten."* (Luk.11,13). *"Das sagte er* (Jesus) *aber von dem Geist,* ***welchen empfangen sollten, die an ihn glauben****."* (Joh.7,3-39)

**e) Kirche:** Die Freisprache bewirkt die Vergebung der Sünden. Durch die Verkündigung der Worte: "In dem Namen unseres Herrn Jesus Christus sind euch die Sünden vergeben..." werden die Apostel ihrem Auftrag gerecht. ("Fragen und Antworten" Nr. 210).

**Bibel:** *"So wir aber unsere Sünden bekennen, so ist er treu und gerecht, dass er uns die Sünden vergibt und reinigt uns von aller Ungerechtigkeit."* (1.Joh.1,9)

Den prüfenden Leser wird erstaunen, dass von einer Handauflegung in Verbindung mit dem Empfang des Hl. Geistes in der Bibel nur an wenigen Stellen die Rede ist. Demgegenüber stehen weitaus mehr Stellen, in denen es heißt: "Sie waren erfüllt vom Hl. Geist" oder "voll des Hl. Geistes". An einigen Stellen ist die Rede von einem "Getränktwerden" oder sogar "Anblasen" durch den Hl. Geist.

Könnte der Hl. Geist nur durch Apostel gespendet werden, dann wäre es von ca. 70 n. Chr., mit dem Tod des letzten Apostels, bis zum Jahre 1830 theoretisch und praktisch nicht mehr möglich gewesen, den Hl. Geist zu empfangen. Über die Dauer der Wirksamkeit des Hl. Geistes hatte Jesus dem Bericht des Johannes – Evangeliums zufolge vorausgesagt:

*"...ich werde den Vater bitten, und er wird euch einen anderen Beistand (Tröster)* geben, der ***für immer*** (ewiglich) ***bei euch bleiben soll.*** *Es ist der Geist der Wahrheit..."*(Joh.14,16+17)

Dem Bericht des Matthäus-Evangeliums (Matth.16,18) zufolge hatte Jesus die Entwicklung seiner Kirche präzise vorausgesagt: ***"Die Mächte der Unterwelt werden sie nicht überwältigen."*** (Hervorhebungen des Verf.

Die Neuapostolische Kirche hingegen lehrt, dass die von Jesus gegründete "erste" apostolische Kirche schon bald nach dem Tod der biblischen Apostel zu existieren aufhörte und deshalb um das Jahr 1830 wiederaufgerichtet werden musste, so dass eine "neue" apostolische Kirche entstand. Wenn aber die Kirche Christi in Erfüllung der Voraussage Jesu gar nicht überwältigt war, wenn der Hl. Geist über die Jahrhunderte weiter wirksam war (und wer wollte dies bestreiten?), musste sie dann nicht zu keinem Zeitpunkt wiederaufgerichtet werden? Eine christlich-apostolische

Sukzession lässt sich jedenfalls von Petrus über die Kirchenväter bis heute durchaus feststellen.[59]
Die Apostel übergaben die Führung und Aufsicht der Kirche dem Linus; dieses Linus gedenkt Paulus in den Briefen an den Timotheus. (2.Tim.4,21) Die neuapostolische Kirchengeschichte lehrt indes, dass mit dem Tod der biblischen Apostel auch die Zeit der Wirksamkeit des Hl. Geistes in der Kirche endete. Um 1830 habe eine zweite Ausgießung des Hl. Geistes erfolgen müssen, da man zuvor vergeblich darum bemüht gewesen sei, *"die fehlende Kraft des heiligen Geistes durch eifriges Studium der überlieferten Schriften zu ersetzen."* ("Fragen und Antworten" bis 1992 Nr. 196)
Wenn der Hl. Geist in Erfüllung der Voraussage Jesu für immer bei seiner Kirche geblieben ist, könnte man dann nicht schlussfolgernd feststellen, dass die Kraft des Hl. Geistes der Kirche zu keinem Zeitpunkt fehlte, sodass eine zweite Ausgießung des Hl. Geistes nicht erforderlich war?
Die Neuapostolische Kirche geht auch davon aus, dass nach dem Tod des Apostels Johannes niemand mehr die apostolische Sukzession weiterführen konnte, so dass die "Wirksamkeit der Apostel unterbrochen wurde." Auch diese Lehransicht darf hinterfragt werden.
Hatte Jesu nicht eine ununterbrochene apostolische Wirksamkeit vorausgesagt, als er seinen Aposteln versicherte: ***"Seid gewiss: Ich bin bei euch alle Tage bis zum Ende der Welt"*** (Matth.28,20)?
Dem trägt, der Begründung ihrer Existenz gewissermaßen selbst widersprechend, mittlerweile auch die NAK Rechnung, indem sie postuliert: *"Der Heilige Geist, die dritte Person der Gottheit, ist ewig, allmächtig, allwissend. Er lebt und regiert mit dem Vater und dem Sohn in untrennbarer Einheit. Von daher* ***wirkt er zu allen Zeiten und in allen Räumen****, also universell [...]* ***Auf das Wirken des Heiligen Geistes über die Jahrhunderte hinweg ist darüber hinaus zurückzuführen, dass sich der christliche Glaube in gottgewollter Weise ausbreiten konnte*** *und, wenn*

[59] Vgl. http://de.wikipedia.org/wiki/Liste_der_P%C3%A4pste_(graphisch)

*auch in unterschiedlicher Ausprägung, christliche Frömmigkeitsformen und ernsthaftes Leben nach den Maßgaben des Evangeliums und den überlieferten christlichen Werten bis in unsere Zeit lebendig geblieben sind."*[60] (Hervorhebungen des Verf.)
Wer von den Mitgliedern der Neuapostolischen Kirche hinterfragt diesen offensichtlichen Widerspruch?
Eine der Kernaussagen neuapostolischen Glaubens ist die bevorstehende Wiederkunft Christi (Parusie) und die damit verbundene Auferstehung der "in Christus Verstorbenen" (1.Thess.4,16) nicht für den Jüngsten Tag, wie Jesus nach Aussage Johannes mehrmals ankündigte (vgl. Joh.6,39., 40.,44.,54.), sondern bereits an einem weit vor diesem Zeitpunkt (1000 Jahre) liegenden "Tag der Ersten Auferstehung".[61]
Die Kirche bezieht sich dabei auf eine Aussage der Johannes-Offenbarung (Offb.20,1-6). Dem steht nun die Aussage der Hl. Schrift entgegen: ***"...und glaubten der Schrift und dem Wort, das Jesus gesprochen hatte."*** (Joh.2,22)
Wird dieser Widerspruch deshalb unwidersprochen übernommen, weil es allseits an theologischem Wissen durch Lesen und Verstehen der Hl. Schrift fehlt? So schreibt Detlef Streich: *"Solange die Leitung der Neuapostolischen Kirche die Wiederkunft Christi an heilsnotwendig reduziertes Leben koppelt und vor dem bedrohlichen Hintergrund eines jederzeit einbrechen könnenden Endzeitszenarios verkündigt, predigt sie Angst erzeugend gegen den zum Leben geborenen Menschen."*[62] Dies sollte die Kirchenführung, die jede lehrimmanent Angst einflößende Botschaft leugnet, weil sie deren so zutreffend bezeichneten Charakter nicht erkennen will, zukünftig bedenken.
Am Kirchenbegriff sowie dem Wesen der Wassertaufe können weitere Widersprüche an Hand von bewussten oder unbewussten Manipulationen hinterfragt werden. Zugleich soll der Frage nach

---

[60] NAKI, Der Heilige Geist in seinen unterschiedlichen Wirkungsweisen, Ergänzung zu Lehraussagen vom 24.1. 2006
[61] Vgl. Klaus Berger, Theologiegeschichte des Urchristentums, 1994, S. 66ff
[62] Detlev Streich, Konstitutive Merkmale der Neuapostolischen Kirche

einem möglichen Sektencharakter der Kirche (EZW) im Verhältnis zur ökumenischen Bewegung der katholisch-apostolischen Gemeinden nachgegangen werden.
In der vorliegenden Originalausgabe des "Testimoniums", dem "Zeugnis der Apostel an die geistlichen und weltlichen Häupter der Christenheit" von 1836 heißt es zu Beginn im zweiten Satz: *"Die Kirche Christi ist die Gemeinschaft aller, ohne Unterschied der Zeit und des Landes, welche im Namen des Vaters und des Sohnes und des Heiligen Geistes getauft und durch Ihre Taufe von allen anderen Menschen ausgesondert sind."*[63]
Das Apostelkollegium der Neuapostolischen Gemeinden unter Stammapostel Bischoff [Hrsg.], fälschte 1932 das vorstehend bezeichnete Testimonium mit dem Ziel, die Lehre der Neuapostolischen Kirche an das "Zeugnis der Apostel" von 1836 anzupassen und eine neuapostolische Sukzession vorzutäuschen.[64]
Eine Manipulation, welche die theologische Fachpresse aufgriff und einen schweren Glaubwürdigkeitsverlust nach sich zog.[65]
Dort heißt es an der gleichen, vorzitierten Stelle:
*"Die Kirche Christi ist die Gemeinschaft aller, ohne Unterschied der Zeit und des Landes, welche im Namen des Vaters und des Sohnes und des Heiligen Geistes getauft und durch ihre Wasser- **und Geistestaufe** von allen anderen Menschen ausgesondert sind."*[66] (Hervorhebung des Verf.)
Hier wird die neuapostolische Lehre von der Geistestaufe, der "Versiegelung" durch "lebende Apostel", zu einer zusätzlichen Bedingung gemacht, um zur Kirche Christi zu gehören.
Eine, aus neuapostolischer Sicht, "notwendige Anpassung", um dem neuapostolischen Apostelamt (durch die subtile Fälschung

---

[63] Testimonium von 1836
[64] Eine "Fälschung" tritt ein, wenn wesentliche Teile eines Dokumentes entfernt oder verändert werden, oder wenn fremde Texte eingefügt werden, ohne dies zu kennzeichnen, vgl. auch:
http://www.nak.org/fileadmin/download/pdf/GNK_07_D_Stellungnahme_zu_Plagiatsvorw__rfen.pdf
[65] Vgl. Materialdienst der Evangelischen Zentralstelle für Weltanschauungsfragen EZW 09/1990, S. 261ff.
[66] Gefälschtes Testimonium von 1932

eines wichtigen Dokumentes der katholisch-apostolischen Gemeinden) Glaubwürdigkeit, Heilsnotwendigkeit und Autorität zu verschaffen.
Die Aufdeckung dieser (und weiterer) Manipulation wurde erst durch die Möglichkeiten des Informationszeitalters und der globalen Vernetzung ermöglicht. Daran hatte die Kirche ebenso wenig gedacht, wie an eine Aufarbeitung ihrer Vergangenheit. Als Begründung dafür gibt zumindest Apostel Drave an, auf Grund der (charismatisch überhöhten) nahen Erwartung Jesu Christi, nicht zuletzt auf Grund des Botschafts-Dogmas: *"...haben wir uns damit nicht beschäftigt."*[67]
Dieses Verständnis von Kirche und Lehre wurde dann konsequenterweise in Frage 167 des z.Z. gültigen Katechismus der NAK kodifiziert: *"Wer ist die Neuapostolische Kirche? Antwort: Die Neuapostolische Kirche ist die Kirche Jesu Christi."*[68]
Daraus folgt, dass allein neuapostolische Christen zur Kirche Christi gehören. Wer würde hier nicht denken: Welche Anmaßung - Paulus war ein in die Nachfolge Christi eingetretener Jude, von neuapostolisch steht nichts in der Hl. Schrift. Daraus folgt weiterhin, dass alle Christen, die zwischen dem Dahinscheiden der ersten Apostel und dem "Apostolat der Endzeit" (ca. 1800 Jahre) getauft wurden, sowie Milliarden von Christen, die heute auf der Erde leben, aus neuapostolischer Sicht nicht zur Kirche Christi gehören, und sich damit im Grunde nicht viel von Heiden unterscheiden. So etwas wäre bei den katholisch-apostolischen Gemeinden undenkbar gewesen.
So heißt es im Katechismus der katholisch-apostolischen Gemeinden von 1914 in Frage Nr. 32: *"Du hast gesagt, du glaubst an die 'heilige katholische Kirche' Was ist nun die Kirche? Antwort: Die Kirche ist die Versammlung aller, die an den Herrn Jesus Christus glauben und nach seinem Gebot getauft sind. Sie ist die Haushaltung Gottes, der Leib Christi, der Tempel des Heiligen Geistes."*

---

[67] Olaf Wieland/"Toleranz im Glauben", im Gespräch mit Apostel Walter Drave, 2007
[68] Fragen und Antworten über den neuapostolischen Glauben, S. 77

Um in der Bildersprache des Apostels Paulus zu reden, der die Kirche mit dem menschlichen Körper vergleicht, in dem Christus das Haupt ist, kein Mensch, und "wir die Glieder", so könnte man sagen, dass die Neuapostolische Kirche sich als Hand betrachtet, die sich selbst vom Leibe getrennt hat, sich aber für sehr lebendig erklärt, während sie den Rest des Leibes für tot und verwest hält.
Im vorgenannten Auszug aus dem katholisch-apostolischen Katechismus ist mit "Taufe" eindeutig die Wassertaufe gemeint, die nach katholisch-apostolischer Sicht bereits ein "Sterben in Christus" sowie ein "neu geboren werden" postuliert und somit die neuapostolische Gotteskindschaft darstellt. So grenzt der englische Apostel Cardale die Gabe des Hl. Geistes, vermittelt durch die Apostolische Handauflegung (Versiegelung), die in den katholisch-apostolischen Gemeinden an den Getauften ab dem 20. Lebensjahr vollzogen wurde, von der Wassertaufe, die die EINE neue Geburt darstellt und die damit alle Christen zu Brüdern und Schwestern in Christus macht, ab: *"Es gibt also eine Gabe des Heiligen Geistes, die von der Taufe mit Wasser unterschieden werden muß. Dennoch darf die Gabe des Heiligen Geistes in der neuen Geburt nicht von der Taufe mit Wasser getrennt werden - die Lebensschaffende, wiedergebärende Kraft, wodurch Christus, der lebendig machende Geist, alle, die ihm der Vater gibt, Lebendigmacht durch den Heiligen Geist. Diese zweite Geburt, die für alle notwendig ist zum Eintritt in das Reich Gottes, ist eine Geburt aus Wasser und Geist. Es kann nicht zwei neue Geburten geben, und die eine Geburt aus Wasser und Geist kann auf keinem anderen Wege empfangen werden als durch die Taufe mit Wasser, welche die Apostel nach dem Befehl des Herrn allen Jüngern erteilen sollen [...] Hat nun der Reumütige und der Gläubige in der Taufe die zweite Geburt durch Wirkung des Heiligen Geistes empfangen, so ist er von da an ein berechtigter Kandidat und erwartungsvoller Erbe des Reiches Gottes. Nun darf er mit Recht die weitere Verheißung erwarten, nämlich jene*

*Gabe des Heiligen Geistes, die das Unterpfand des Erbes und die Erstlingsfrucht des Reiches ist."*[69]
Auf Seite 70 dieser 143 Seiten umfassenden Arbeit über die Taufe, führt Cardale mit Bezug auf Apostelgeschichte 8 nochmals klar aus: *"Hieraus erkennen wir deutlich: obwohl in der Taufe die Gläubigen wiedergeboren werden aus Wasser und Geist, so wird doch der Ordnung gemäß nach der Taufe und durch Handauflegung der Apostel jene Gabe des Heiligen Geistes erteilt, von der mit Nachdruck gesagt wird: Der Heilige Geist fiel auf die Gläubigen und sie empfingen den Heiligen Geist."*[70]
Demgegenüber bezeichnet der neuapostolische Katechismus in Frage Nr. 195 die Wassertaufe nur als einen Bestandteil der Wiedergeburt. Damit werden alle Christen, die nicht die neuapostolische Versiegelung empfangen haben, zu geistlichen Totgeburten erklärt. Ist es da verwunderlich, wenn gläubige Christen anderer Kirchen dieser, wie sie meinen, sektiererischen Auffassung widersprechen und in ihr eine unchristliche Diskriminierung durch charismatische Laien sehen? Zu welcher rigiden Intoleranz derartiges Denken führt, mag das nachfolgende Beispiel exemplarisch verdeutlichen: Ein neuapostolischer Gemeindevorsteher sowie der zuständige Apostel verweigerten der (katholischen) Ehefrau eines (neuapostolischen) Mannes, die mit der neuapostolischen Taufe der gemeinsamen Tochter einverstanden war, ihr Baby auf dem Arm zur Taufe nach vorne zu tragen mit der Bemerkung: *"Sie sind nicht neuapostolisch."* Nach Ansicht dieses ′christlichen′ Amtsträgers sei nur der Vater berechtigt, das Kind zur Taufe zu tragen! Derart pauschale Behauptungen aufzustellen, zeugt von einem eher schwach ausgeprägten Verstand. Möglicherweise auch von einem Mangel an christlicher Nächstenliebe. Manche glauben eben, sie hätten Gott schon längst in der Tasche, und das Heil ist im Paket mit drin, weshalb man sich alles erlauben könne. Eine derart ausgrenzende Geisteshaltung

[69] John Bate Cardale, Vorlesungen über die Liturgie und die anderen Gottesdienste der Kirche. Die Heilige Taufe nach Schrift und Tradition, 1879, S. 69f
[70] Ebd.

entspringt eher einem angemaßten, unchristlichen Elite-Verhalten, als der Intention des allmächtigen Gottes und seines Sohnes Jesus Christus: *"Kommt her zu mir Alle, die ihr mühselig und beladen seid... "* (Matth.11,28)
Ludwig Albrecht, ein Diener der katholisch-apostolischen Gemeinden, schreibt bezüglich der Beglaubigung von Aposteln: *"Ebenso sollen die Apostel nicht trennen, sondern einen, nicht zerreißen, sondern bauen. Sie lösen die, welche sie als Boten Gottes aufnehmen und die Segnungen ihres Amtes begehren, nicht von der Kirche ab; sie stellen vielmehr die Einheit der Kirche wieder her, sie fordern die Christen auf, alle Namen der Spaltung und Uneinigkeit abzutun und des einen Bruderbundes zu gedenken, in den wir durch die Taufe aufgenommen sind; sie lehren durch Wort und Tat, alles noch vorhandene Gute, wo es sich in der Kirche findet, mit Dank gegen Gott anzuerkennen, alle pharisäische und sektiererische Gesinnung abzulegen und die Einigkeit im Geist durch das Band des Friedens mit allen Getauften festzuhalten."*[71]
Auf die teilweise überzeichneten Vorwürfe gegen die NAK, wie sie auch in Medien Erwähnung finden, wie z.B. Erzeugung von psychischem Druck, unbewussten Ängsten und Zwängen, gesellschaftliche Isolation bis hin zur Deprivation, NSDAP-Mitgliedschaft führender Apostel, massive Unterstützung des NS-Regimes, IM-Tätigkeit führender Amtsträger für die Geheimpolizei der DDR, gezielte Manipulation von Kindern, Tabuisierung der Finanzen pp., auf die beispielsweise Stammapostel Fehr nur ausweichende oder polemische Antworten gab, soll hier nicht näher eingegangen werden, da sie eher einer Folge autoritärer Sozialisation und der Führung durch die Stammapostel Bischoff und Schmidt geschuldet sind, aber auch der Bischoff-Botschaft und den daraus folgenden Wertvorstellungen der Kirche.
Martin Luther, der das Wort Gottes der Bibel in einer unsagbaren Fleißarbeit vom Altgriechischen und Hebräischen ins Deutsche

---

[71] Ludwig Albrecht, Abhandlungen über die Kirche, besonders ihre Ämter und Gottesdienste, 1896, S. 69

übersetzte, trat so tapfer in Worms auf, weil er es auf Grund seines ehrlichen Gewissens nicht fertig brachte, den Schöpfer und die suchenden Seelen der Armen des Volkes zu enttäuschen, hat eine sehr schwere Glaubensprüfung bestanden. Man hätte sich gewünscht, dass ein Apostel der Neuapostolischen Kirche zur Zeit des NS-Regimes und der SED-Diktatur soviel Mut gehabt hätte, im Angesicht des Bösen, den christlichen Glauben zu vertreten, anstatt mit den Systemen zu kollaborieren.[72]

So führt der Anspruch der Apostel, in Verbindung mit einer fatalen Unkenntnis christlicher Lehre von der Anfangszeit bis heute dazu, sich mit dem eigenen Glauben näher und intensiver zu befassen. Denn worauf sollte der Glaube an das Haupt der Kirche, Jesus Christus, ruhen, wenn sich schon im Fundament Risse zeigen? Wenn viele Mitglieder nur einen Glauben an Menschen als "Kanäle des Segens" zwischen Gott und den Gläubigen kennengelernt haben?

Geben die neuapostolischen Apostel nicht selbst Zeugnis von einem Menschenglauben, indem sie vor Ihrer Ordination zum "Apostel" eine Unterwerfungserklärung unter "das sichtbare Haupt der Kirche Jesu Christi", den Stammapostel, unterschreiben: *"Neu zu ordinierende Apostel sind vor ihrer in einem Gottesdienst durchzuführenden Einsetzung durch Abgabe des folgenden Gelöbnisses dem Stammapostel oder seinem Vertreter gegenüber feierlich zu verpflichten: `Vor Gott, dem Allmächtigen und Allwissenden gelobe ich, dem Stammapostel im Gehorsam des Glaubens zu folgen'..."*[73]

Dem entgegen steht das Zeugnis der Hl. Schrift, wo es im 1.Kor.4,3.,4 heißt: *"Es ist unbedingt erforderlich, dass ein Apostel eine unmittelbare Sendung durch Jesus Christus und Gott den Vater empfangen hat [...] Als unmittelbar Gesandte des Herrn sind sie auch keinem Menschen, sondern allein Christus, dem Haupt der Kirche, Rechenschaft schuldig."*[74]

---

[72] Vgl. Wolfgang Welsch, Die verklärte Diktatur, 2009, S. 71ff

[73] NAK-Katechismus "Frage und Antworten", Frage Nr. 177, vgl. Art. 4.2, Statuten der NAKI i.d. Fassung vom 1. 6. 1990, S. 7

[74] Ludwig Albrecht, Abhandlungen..., a.a.O., S. 61f

Damit soll keinesfalls die engagierte Arbeit der Apostel verkürzt werden, die mit beachtenswerter Konsequenz ihres Glaubens leben. Nächstenliebe, Menschlichkeit und Frömmigkeit sind indes keine Privilegien besonders beauftragter, ermächtigter und von der Kirche bezahlter Menschen, sondern entstehen und entwickeln sich aus der Wirksamkeit des Hl. Geistes, der sich noch immer überall dort findet, wo *"zwei oder drei in meinem Namen versammelt sind, da will ich mitten unter ihnen sein"* (Matth.18,20). Bezüglich der erwähnten Unterschiede "katholisch-apostolisch" und "neuapostolisch" sei hier noch auf Albrecht Weber verwiesen.[75]
Die NAK ist eine Amtskirche und wird es immer bleiben. Wer meint, die Mittlerfunktion des Amtes zwischen dem Gläubigen und Jesus Christus umgehen zu können oder nicht zu benötigen, der muss sich die Frage stellen, ob er in dieser Kirche richtig sei. Nicht wenigen Geschwistern ist inzwischen aber klar, dass es sehr grundlegende Unterschiede gibt zwischen dem, was in der Bibel steht ("Niemand kommt zum Vater, denn durch mich.") und dem, was die Neuapostolische Amtskirche ausmacht ("Niemand kommt zum Sohn, denn durch uns").
Eine durchaus interessante Interpretation kommt vom norddeutschen Apostel Rüdiger Krause: *"Die Apostel definieren die Lehre, die sich letztendlich* ***auch an das Evangelium anlehnt.****"*[76] (Hervorhebung des Verf.)
Da ist man geneigt zu fragen: Woran lehnt sie sich denn noch an? Wenn man diese Wortwahl eines Apostels beachtet, weiß man gut, welcher Glaube in der Neuapostolischen Kirche verbreitet wird. Es bleibt abzuwarten, ob und wie die Kirchenführung der Beliebigkeit dieser und anderer ekklesiologischen Aussagen im neuen Katechismus entgegentritt.

[75] Albrecht Weber, Diss.: "Die katholisch-apostolischen Gemeinden. Ein Beitrag zur Erforschung ihrer charismatischen Erfahrung und Theologie", 1977

[76] Apostel Krause am 12.04.2007 in Blankenese, http://www.christ-im-dialog.de/pages/konflikt.htm

## 8. Die Exklusivität des Heils

Das Heil hat Gott selbst in Jesus Christus erwirkt; die Verkündigung aber hat er Menschen anvertraut. Es ist der Wille Gottes, dass Jünger Jesu die Aufgabe wahrnehmen, auch andere Menschen zu Jüngern machen und sie biblisch zu unterweisen (Matth.28,19-20). So dürfen wir im Namen des Herrn, der Himmel und Erde gemacht hat, auftreten, *"denn wir sind Gottes Mitarbeiter"* (1.Kor.3,9). Zu dieser Mitarbeit sind alle an Jesus Christus Gläubigen aufgerufen. Sie (wir) werden eines Tages danach beurteilt werden, was sie (wir) mit diesem anvertrauten Evangelium erwirkt haben (Luk.19,11-27).
Zur Evangeliumsverkündung im Neuen Testament heißt es: *"So sind wir nun Botschafter an Christi statt, denn Gott vermahnt durch uns; so bitten wir nun an Christi statt: Lasset euch versöhnen mit Gott."* (2.Kor.5,20).
In Lukas 10,16 sagt Jesus: *"Wer euch hört der hört mich.*"
Auch die Legitimation der Neuapostolischen Kirche ist also keine selbst ernannte, sondern eine von Gott autorisierte. Kritisiert wird deshalb nicht die Art der Hermeneutik, die ergebnisoffen exegesiert, sondern jene, die zielorientierte Exe- oder gar Eisegese betreibt, wie das in der NAK üblicherweise betrieben wird. Letztere ist dann kein Ringen um das Verstehen mehr, sondern um die Abstützung eigener Lehren durch die Bibel. Ein typisches Beispiel für Eisegese findet man auch in den Rechtfertigungsversuchen der Kirche zur Spendung von Sakramenten an Lebende für Tote.[77]
Das Wirken des Hl. Geistes steht damit in einem unmittelbaren Kontext. Auch Christen anderer Denominationen setzen in ernsthafter und aufrichtiger Weise alles daran, Jesus Christus nachzufolgen. Die Hingabe, mit welcher sie dem Herrn dienen, die Entschiedenheit, mit der sie ihre Lebensentscheidungen am Willen Gottes ausrichten und insbesondere die oftmals unübersehbare

[77] Vgl. Wolfgang Welsch [Hrsg.], Der Jenseitsglaube der Neuapostolischen Kirche. Biblisch belegte oder fundamentale Sonderlehre, 2. Aufl. 2009

Geistesfrucht in der unter Galater 5,22 beschriebenen Ausprägung überzeugen davon, dass jene vom Hl. Geist getrieben sind. Wie der Hl. Geist zur treibenden Kraft dieser Mitchristen wurde, ist nicht Gegenstand dieser Untersuchung. Jedenfalls ist eine Geistspendung, welche dem Sakrament der Versiegelung gleichzusetzen wäre, mit der Firmung der katholischen Kirche nicht vergleichbar. Sie ist die Vollendung der Taufe und bildet mit ihr und der Eucharistie die drei Sakramente der christlichen Initiation. *"Was an Pfingsten geschehen ist, geschieht im Sakrament der Firmung: Jetzt handelt Gott. Er schenkt seinen Heiligen Geist. Er gibt ihn allen, die darauf warten und sich danach sehnen."*[78]

Stammapostel Leber hat in seinem Gottesdienst am ersten Advent 2005 darauf hingewiesen, dass die vorhandene Geistesfrucht – in christlicher Ausprägung – stets auf das Wirken des Hl. Geistes zurückzuführen ist. Auch in seiner Stellungnahme zur Exklusivität der Neuapostolischen Kirche betont er unter Punkt 2.6 des "Uster"-Papieres, dass der Hl. Geist auch außerhalb unserer Kirche wirkt. Das war nicht immer so.

Dessen ungeachtet gilt in der Kirche unverändert die Definition des Katechismus "Fragen und Antworten" (Nr. 218), worin festgelegt ist: *"Die Heilige Versiegelung ist die Spendung des Hl. Geistes und damit wesentlicher Teil der Wiedergeburt [...]. Durch sie wird ein Mensch zu einem Kind Gottes mit dem Anrecht auf das Erbe Christi."*

Das Apostelamt ist ein greifbarer und gangbarer Weg zum Heil Gottes, der den Gläubigen Glaubenssicherheit gibt. Allerdings bleibt festzuhalten, dass das Apostelamt nicht in die Entscheidungssouveränität Gottes eingreifen kann. Insofern ist seine Entscheidung, das Heil den Menschen **über** das Apostelamt zu übermitteln **weiterhin Seinem** Willen unterworfen. Gott ist in seiner Gnade frei, auch über andere Wege Menschen sein Heil zukommen zu lassen, wann und wie auch immer. Insofern hat keine Kirche, Institution oder Amtbeauftragung das Vermögen oder gar die Vollmacht, sich selbst als unbedingte und absolute

[78] Die Feier der Firmung, Hrsg.: kath. Bischofskonferenz, 1972

Voraussetzung für das Heilswirken Gottes zu bezeichnen, dergestalt, dass dadurch in die Entscheidungssouveränität Gottes eingegriffen wird.
Der Verzicht auf Exklusivität dürfte angstbesetzt sein. Was würde viele Gläubige noch in ihrer Kirche halten, wenn sie diese nicht mehr für den allein richtigen Weg zu Gott halten dürften? Man muss sich an dieser Stelle wundern, wie wenig Haltekraft man den Gemeinden zutraut.
Nimmt die Kirchenleitung an, nur ihre Verkündigung halte die Menschen in den Gemeinden? Die Gemeinde bietet Heimat, Geborgenheit, Kontakte, oft nimmt man dafür auch Ungereimtheiten in der Verkündigung in Kauf, die im Übrigen den wenigsten Predigt-Konsumenten auffallen. Die Gemeinde wird zu wenig als Zentrum des Glaubenslebens angesehen. Folgerichtig traut man ihr auch wenig zu. Vielleicht würde aber ein Verzicht auf die leidige Exklusivität sogar einen Aufschwung des Gemeindelebens bedeuten? Warum starrt die Kirchenleitung immer nur ängstlich auf die Risiken, statt Chancen zu sehen und zu propagieren, die in neuen Wegen liegen? Man sollte auch bedenken, welche Ausstrahlung die Kirche inzwischen hat.
Dass der Hl. Geist auch ohne Spendung wirken kann, beweist eindrucksvoll das Beispiel Martin Luthers, dessen Arbeit an der Bibelübersetzung unter der Wirkung des Hl. Geistes stattfand. Demnach muss unterschieden werden zwischen der Spendung des Geistes und der Wirkung des Geistes. Zusätzlich machte Stammapostel Leber in einem Pfingstgottesdienst deutlich, dass die Spendung alleine noch keine Wirkung hervorruft. Er rief dazu auf, täglich vom Hl. Geist erfüllt zu sein, das heißt, dessen Wirkung zu zeigen und zu leben. Damit ergibt sich die Bipolarität einer "wirkungslosen" Spendung einerseits und eines "spendungslosen" Wirkens andererseits.
In seiner Osnabrücker Predigt ging Stammapostel Leber nicht auf das "Wirken" des Hl. Geistes ein. Man könnte daraus den Schluss ziehen, dass er allein die Spendung eo ipso für heilsnotwendig und deshalb für ein Dogma hält, um in die Nähe Gottes zu kommen. Mit anderen Worten: derjenige, der im Zustand der "wirkungslosen" Spende ist, hat ein näheres Verhältnis zu Gott als

derjenige, der im Zustand des "spendungslosen" Wirkens ist. Die Spendung des Hl. Geistes ist also der Beginn, nicht der Abschluss eines Prozesses, Gottes Nähe und Heil zu erfahren.
Parallel dazu muss darauf verwiesen werden, dass keine Glaubensgemeinschaft, sei es die römisch-katholische Kirche, die evangelische Kirche, die neuapostolische Kirche oder andere, den Anspruch für sich erheben kann, die einzig wahre Kirche zu sein. Der einzige Weg (der Wahrheit) ist Jesus Christus selbst. Auf ihn gründet seine Gemeinde. Der Leib Christi bildet den lebendigen Organismus einer wahren Kirche in der Ekklesia (1.Kor.12,4-6f).
So hatte Stammapostel Leber in einem Interview bestätigt, dass auch er fehlbar sei.[79] Eigentlich eine Selbstverständlichkeit: Apostel können ebenso irren wie jeder andere Mensch. Im persönlichen Gespräch haben viele Apostel der NAK auch kein Problem das zuzugeben. Wird es aber konkret, stellt sich die Angelegenheit anders dar. Letztlich nehmen die Apostel nach wie vor Unfehlbarkeit für sich in Anspruch. Apostelwort wird mit Gottes Wort gleichgesetzt und ist deshalb unantastbar, d.h. unfehlbar. Einer solchen Geisteshaltung muss widersprochen werden. Sie schadet der Kirche, ist unchristlich und kontraproduktiv.
Wenn die Kirchenleitung nicht in der Lage ist, sich von biblisch nicht begründbaren Sonderlehren zu trennen, dann sollte sie zumindest diese Lehren nicht allen Kirchenmitgliedern aufzwingen wollen. Hier gibt es nämlich schon einen Unterschied zwischen den Gläubigen der Botschaftszeit und den heutigen, denen ganz andere Informationsquellen zur Verfügung stehen.
Als Christen stützen wir uns auf das Wort Gottes. Als Paulus in Apostelgeschichte 20,32 von den Ephesern Abschied nahm, da befahl er sie einzig und allein der Gnade Gottes an. Was die Kirche in Ephesus für die Zukunft brauchte, war Vertrauen auf Gottes Wort und nicht Vertrauen auf Menschen. Nicht weniger braucht auch heute jeder Christ persönlich. Leider wird dieses Vertrauen auf Gottes Wort in der Kirche erheblich erschüttert, indem man sagt, dass die Hl. Schrift lediglich für die Generation

[79] Interview mit ideaSpektrum, Nr. 25/2006, http://forum.glaubensforum24.de

von damals Bedeutung hatte und dass Gott heute durch neue Apostel zu den Menschen redet. Dass man sich dadurch jeder Verführung öffnet, zeigt das Beispiel Stammapostels Johann Gottfried Bischoff, der 1951 verkündete, dass Gott ihm offenbart hätte, dass Jesus zu seiner Lebenszeit wiederkommen würde.[80] Als Bischoff 1960 starb und Jesus nicht gekommen war, hätten eigentlich vielen die Augen aufgehen müssen. Stattdessen glaubte man den Erklärungen der Kirche, die Gott die Schuld zuschob, in dem man verkündete: *"Wir stehen vor dem unerforschlichen Ratschluss unseres Gottes und fragen uns, warum Er Seinen Willen geändert hat."* (Walter Schmidt, Nachfolger Bischoffs) Niemand hatte wohl darüber nachgedacht, dass diese Aussage blasphemisch sein könnte. Zu nachhaltig war die Sozialisation in der Bischoffschen Führerkirche, deren Produkt ´Führergläubige´ waren, die eigenes Denken durch blinden Gehorsam, besser Kadavergehorsam, ersetzten. Ein besonders rigides Beispiel dafür gibt der nordamerikanische Bezirksapostel Michael Kraus noch 1989. In einem Infoschreiben an den Stammapostel und ´jede Neuapostolische Familie´ schrieb er: *"Ein Neuapostolisches Mitglied, ein so genannter Anwärter auf die Königswürde, die ihn erwartet, hat nur eine Sache zu erfüllen und das ist:* ***Das zu tun, was ihm befohlen ist! Ansonsten hat er absolut nichts zu vermelden!*** *Vergesst also nicht: Die zukünftigen Könige und Priester kennen während ihrer Lehrzeit hier auf Erden nur ein Gesetz: Zu gehorchen und das zu tun, was ihnen aufgetragen ist!* ***Sie haben nicht das Geringste zu vermelden in diesem göttlichen Werk! Ihre Aufgabe besteht einzig und allein darin, in bedingungslosem Glaubensgehorsam nachzufolgen!"*** (Hervorhebungen des Verf.)

---

[80] J. G. Bischoff im Weihnachtsgottesdienst 1951 in der Gemeinde Gießen-Nord: *"Tag und Stunde, wann der Herr kommt, wissen wir nicht. Aber ich persönlich bin überzeugt, dass die Zubereitung des königlichen Priestertums in der Zeit erfolgt, in der ich noch vorhanden bin...Das Zeichen hierfür besteht darin, dass der Herr zu meiner Zeit in Erscheinung tritt und Abschluss seines Werkes macht...Ich bin der Letzte, nach mir kommt keiner mehr. So steht es im Ratschluss unseres Gottes, so ist es festgelegt, und so wird es der Herr bestätigen!"*

Mit Glaubensgehorsam hat diese rigide Aussage nichts zu tun. So lange diese andere "Botschaft der Engstirnigkeit", des Kadavergehorsams und des Glaubens an die Alleinseligmachung von "Menschenbotschaften" nicht aufgehoben ist, wird sich die Botschaft Jesu kaum entfalten können. Werden kaum Antworten auf Fragen gefunden.

Für jeden Christen, der sich in der Freiheit der Kinder Gottes (Röm.8,21) befindet, zeigt diese Begebenheit exemplarisch, wie falsch diese Glaubensquelle war, und mahnt ihn zur Vorsicht. Wenn Christen nicht mehr unter Gebet und in der Kraft des Hl. Geistes die Bibel lesen, ist die Gefahr einer Verführung groß.

Für Mitglieder der Neuapostolischen Kirche ist es bis zum heutigen Tag sehr schwierig, sich für die objektive, wahrhaftige Sicht der Dinge zu öffnen, weil ihnen von Kindheit an autoritativ vermittelt wird, dass Apostelworte aus dem Hl. Geist gewirkte Worte seien, also Gottes Worte. Deshalb wagt kaum jemand, einem Apostel zu widersprechen. Dies würde, so glaubt man, einem Widersprechen des Hl. Geistes gleich kommen und damit dem Verlust des Heils. Im Brockhaus-Lexikon heißt es ergänzend: "Leiter und Träger der höchsten geistlichen Autorität (in der NAK) ist der von der Apostelversammlung gewählte Stammapostel, der wiederum die Apostel ernennt. Diese sind allein zur Schriftauslegung berufen; ihre (Lehr-) Aussagen gelten neben der Bibel als zweite Glaubensquelle."[81] Neben dieser zusätzlichen Glaubensquelle sei darauf hingewiesen, dass die Apokryphen in der neuapostolischen Lehre eine nicht geringe Rolle spielen. Auf den Internetseiten der Kirche werden diese außerbiblischen Texte regelmäßig zitiert.

Auch Äußerungen wie 'ob Gott noch andere Wege zulässt...', 'weiß ich nicht' oder ähnliches, mit denen der Stammapostel versucht, etwas Luft aus der Sache herauszunehmen, ändern nach außen nicht wirklich etwas; die NAK bleibt die Kirche, an der zu Recht ein überzogenes Anspruchsdenken kritisiert wird. Die Kritik an ihrem Verhalten wird auch nicht verhallen, so lange die Kirchenführung unbegründete Behauptungen über die Wirksam-

[81] Brockhaus, Multimedial 2002

keit des Apostelamts verbreitet. *"Wer aber das Schuldbekenntnis der Kirche erstickt oder verdirbt, der wird in hoffnungsloser Weise schuldig an Christus."* (Bonhoeffer)
Jesus hat dagegen Wohlgefallen an Barmherzigkeit und nicht am Opfer. (nach Matthäus 9,13)
Der Stammapostel macht die Aufgaben des Apostelamts nach der Schrift und zugleich in der NAK deutlich und verweist auf das Ziel (darauf verweisen auch die Geistlichen anderer Kirchen), den auftragsgemäß von Jesus gelegten Weg und zudem auf die "Gesetze des Evangeliums".
Auch hier muss nachgefragt werden, welches Gesetz er meint. Welche Gesetze enthält das Evangelium? Ist das Evangelium nicht die Erfüllung des Gesetzes durch Christus?
Der Begriff Evangelium stammt aus dem griechischen (*εὐαγγέλιον, eu-angelion*), was so viel heißt wie "Lohn für das Überbringen einer guten Nachricht" (Wiki), "einer fröhlichen Botschaft" (Büchner) oder konkreter "Siegesbotschaft". In jedem Fall wird im Neuen Testament mit *ευαγγελιον* eine mündliche, verkündigte Frohbotschaft gemeint. Es ist die Lehre von der Erlösung, nicht von einem Gesetz. Das Evangelium ist das Bekenntnis von der Lehre Christi, des einzigen Mittlers zwischen Gott und den Menschen.[82] Der Mangel an einfachstem theologischem Wissen ist evident.
Es sind im Allgemeinen die konservativ-traditionellen Kräfte, die den Öffnungsbemühungen der Kirchenleitung hartnäckig widerstehen. So auch die Redaktion der NAK-eigenen Zeitschrift "Unsere Familie" (UF), die eine Publikation der Rezension eines geistlichen Buches von Joseph Ratzinger mit der Begründung ablehnt, man unterstütze keine Werbung.[83]
Nun ist Ratzinger nicht nur Oberhaupt der RK und Christ, sondern auch ein weltweit renommierter Theologe, der selbst zu seinem Buch schreibt: *"dass dieses (Buch) in keiner Weise ein*

---

[82] Vgl. Homiletisches Lexikon, Leipzig 1904, Mark.10,29; 2.Kor.9,13; Philem.13
[83] Jesus - ein Apostel des Fortschritts?, Rezension des Verf.: J. Ratzinger: Jesu von Nazareth

*lehramtlicher Akt ist, sondern einzig Ausdruck meines persönlichen Suchens 'nach dem Angesicht des Herrn'."*[84]
Das focht den Bischoff-Verlag nicht an, die Rezension des "Papstbuches", wie er es nannte, aus dem selbst der Stammapostel gelegentlich zitiert, in verinnerlichter Selbstzensur abzulehnen, sodass das angefragte Kirchenoberhaupt nicht aus eigener Verfügungsgewalt ablehnen musste, sondern dem Verfasser schrieb: *"ob in unserer Kirchenzeitschrift die Rezension eines Papstbuches* (sic!) *wirklich angebracht ist, ist eine Ermessenfrage. Ich bin mir sicher, dass dies von unserer Leserschaft kontrovers angesehen würde. Insofern kann ich die ablehnende Haltung des Verlages verstehen."*[85]
Natürlich kennt der Stammapostel seine größtenteils erzkonservativen Mitglieder, weshalb er eine "kontroverse" Aufnahme, also Unverständnis und Ablehnung, befürchtet. Doch wann und wo will er mit der von ihm selbst gewünschten ökumenischen Öffnung und Erneuerung der Kirche beginnen? Immerhin bestätigt er, dass der Verlag wohl ein Ermessen haben konnte. Indem er diesem -negativen- Ermessen zustimmte, begab er sich, freiwillig oder nicht, eines wichtigen Teils seiner Weisungs- und Deutungsbefugnis und fügte damit den Ökumenbemühungen letztendlich Schaden zu. Eine freie (Kirchen-)Presse und freie Meinungen sind aber, unabhängig vom jeweiligen Glauben, unverzichtbare Elemente mündiger Christen. Hat Stammapostel Leber vergessen, was er in Uster selbst postulierte?[86]
Tatsächlich lag es weder in der Absicht des Verfassers, 'Werbung' zu machen, (Werbung für was? Für Jesus? Für die RK? Für Ratzinger, wenn der Jesus verherrlicht?) wie ihm seitens des Bischoff-Verlags in manichäischer Abgrenzungsmanier ent-

---

[84] Joseph Ratzinger, Jesus von Nazareth, 2007

[85] Aus einem Schreiben Wilhelm Lebers an den Verfasser, Zürich, 18.3.2008

[86] *"In der heutigen Zeit ist es gut, wenn überall die Christen enger zusammen rücken und sich nicht als Gegner bekämpfen sondern gemeinsam ihren Herrn und Meister Jesus Christus bekennen."* StAp im Gottesdienst am 24.1.2006 in Uster

gegengehalten wurde, noch kann eine Rezension generell als Werbung bezeichnet werden, nur weil es sich bei dem Autor des Buches zugleich um das Oberhaupt der RK handelt, dem der Stammapostel zudem nach neuer Sitte ´herzliche Glückwünsche´ zur Amtseinführung übermittelt. Das unterstellt man offenbar immer dann, wenn wertvolle Gedanken anderer Christen in Konkurrenz zu den eigenen, noch wertvolleren Gedanken stehen, oder die Bedeutsamkeit des eigenen Kirchenamtes relativieren könnten. Der Papst als Amt, oder die kath. Kirche haben mit dem Buch nichts zu tun. Hier geht es um eine sehr tiefsinnige Beschreibung des historischen Jesus und des Gottessohnes Jesus Christus durch den Christen Joseph Ratzinger. Meint man mit ´Werbung´ die Evangelien, die die historische Wahrheit über Jesus offen legen, wie Ratzinger bekennt? Ist die überzeugende Darstellung des historischen Jesus von Nazareth, des Sohnes Gottes, durch einen anderen Christen in der NAK unerwünscht? Warum zitiert der Stammapostel in Gottesdiensten dann Ratzinger mit dessen Worten: *"Ich bitte [die Leserinnen und Leser] nur um jenen Vorschuss an Sympathie, ohne den es kein Verstehen gibt"*, ohne jedoch darauf hinzuweisen, dass es sich dabei um Worte des ´Papstes´ handelt?[87]

Wo ist hier eine christlich-demütige Haltung zu erkennen? Hat hier vielleicht ein verselbstständigter Amtskörper die eschatologische Wahrheit gepachtet? Diesen ´Vorschuss an Sympathie´ will der Stammapostel, will vor allem der Bischoff-Verlag, den eigenen Gläubigen nicht gewähren. Wäre es deshalb falsch anzunehmen, dass hier ein gehöriges Maß an Heuchelei im Spiel sein könnte?

Wenn zwischen Privatperson und Amtsperson nicht getrennt werden könne, dann müsste der Stammapostel es hinnehmen, dass man sein privates Tun künftig ebenso auf die NAK reflektiert. Demnach wäre die Bischoff-Botschaft, die bislang nur eine Botschaft ist, aus NAK-Sicht in der Tat sogar eine "Offenba-

[87] Ebd., Klappentext

rung", denn der Privatmann Dr. Wilhelm Leber hält sie nach eigenem Bekunden für eine solche![88]

Als weiteres Argument der Ablehnung des kircheneigenen Verlags wurde angegeben, dass die meisten Kirchenmitglieder weder die Rezension noch das Buch verstehen würden. Ein beliebtes Argument der Kirchenführung und des Verlags. Man sollte indes nicht von sich auf andere schließen.

Zum Grundrecht, sich informieren zu dürfen, gehört auch das Recht, sich nicht informieren zu müssen. Mit anderen Worten: Wer einen Text nicht versteht, ignoriert ihn oder holt sich Hilfe. Aber einen Text zu bannen, nur weil man der Ansicht ist, die Mehrheit würde ihn sowieso nicht verstehen, trägt schon den Geruch der Arroganz in sich, gepaart mit dem "NUR WIR", verbunden mit einem Kotau vor der konservativen Klientel. Deshalb sind die angeführten Gründe vorgeschoben. Vielmehr will man vermeiden, dass neuapostolische Christen einen Blick über den Tellerrand wagen, dann kann es schon gar nicht infrage kommen, sie über positive Rezensionen der Bücher anderer Christen zum Kauf derselben anzuregen. Wie ernst ist ein Magazin zu nehmen, das von Leuten gemacht wird, die auf diese Weise selbst nicht mehr ernst genommen werden können? Wie ernst sind im Weiteren die Bemühungen der NAK zu verstehen, der Ökumene in der Arbeitsgemeinschaft Christlicher Kirchen beizutreten, wenn sie selbst die geringsten ökumenischen Versuche im Keim ersticken?

Ein anderes Beispiel, wie doppelzüngig diese Haltung wirkt, kann man an der Frage ermessen: Was haben das römisch-katholische Dokument "Lumen Gentium" und das neuapostolische "Uster-Papier" gemeinsam?

Im Rahmen des Zweiten Vatikanischen Konzils wurde in der dritten Sitzungsperiode (14.9. bis 21.11.1964) u.a. das Dokument "Lumen Gentium: Dogmatische Konstitution über die Kirche" verabschiedet. Im ersten Kapitel "Das Mysterium der Kirche" heißt es unter Punkt 8: *"Diese Kirche, in dieser Welt als Gesellschaft verfasst und geordnet, ist verwirklicht in der katholischen Kirche, die vom Nachfolger Petri und von den Bischöfen in Ge-*

[88] Vgl. http://www.nak.org/de/news/nak-international/article/14647/

*meinschaft mit ihm geleitet wird (13).* ***Das schließt nicht aus, dass außerhalb ihres Gefüges vielfältige Elemente der Heiligung und der Wahrheit zu finden sind**, die als der Kirche Christi eigene Gaben auf die katholische Einheit hindrängen."*[89] (Hervorhebung des Verf.)

Am 24.1.2006 entstand in der Folge des Informationsabends durch den Stammapostel in Uster/Schweiz die Stellungnahme "Das Verständnis von Heil, Exklusivität, Heilsnotwendigkeit des Apostelamtes und Nachfolge in der Neuapostolischen Kirche". Unter Punkt 2.6. dieser Stellungnahme lesen wir folgendes: ***"Unser Glaube, dass das Apostelamt für die Bereitung der Brautgemeinde unerlässlich ist, schließt nicht aus, dass es auch außerhalb der Neuapostolischen Kirche** in kirchlichen Gemeinschaften, die Christus wahrhaftig bekennen, **vielfältige Elemente von Wahrheit gibt.** In diesem Sinn wirkt der Heilige Geist auch außerhalb der Neuapostolischen Kirche."*[90] (Hervorhebung des Verf.)

Das II. Vatikanische Konzil lässt grüßen!

Dass sich die NAK 2006 einer Wortwahl aus einem Dokument der kath. Kirche bedient hat, lässt sich nicht von der Hand weisen. Lumen gentium ist die Konstitution der RK seit VAT-II. Es hätte der NAK nichts weggenommen, sich eine eigene Formulierung zu verschaffen oder wenigstens auf Lumen gentium zu verweisen. Dem Urheber einer Geistesleistung sollte man die Ehre eines Verweises auf seinen Namen geben, wenn man sich seiner bedient. Es hat schon etwas von Chuzpe, Texte anderer Kirchen zu übernehmen und nicht nur so umzubauen, als seien sie eigenen Geistes Kind, sondern auch noch den Anschein erwecken zu wollen, dass man selbst die Wahrheit habe, während andere, selbst die, von denen man abschrieb, nur Elemente "von Wahrheit" hätten. Hier darf man zu Recht vom Eklektizismus der NAK sprechen, die sich päpstlicher als der Papst gibt: Nur keine Werbung!

---

89 Vgl. "Lumen Gentium" auf vatican.va

90 Vgl. "Uster-Papier" auf nak.org

Immerhin bestätigte die NAK, ein Jahr nach dem Uster-Abend, den vorstehend beschriebenen Vorgang als "Orientierung an den Formulierungen des Textes der Glaubenskongregation ´Dominus Iesus´."

Interessant dabei ist zudem, dass sich heilsnotwendige NAK-Apostel der geistigen Anstrengungen einer anderen Kirche bedienen, die lange Zeit mit "der großen Hure" gleichgesetzt wurde, ihre Berührungsängste nach außen ansonsten aber klar formulieren, wie das Beispiel der ´UF´ zeigt (Werbung für die RK). Besser kann man Doppelzüngigkeit kaum darstellen.

An dieser Stelle sei Lumen Gentium näher betrachtet.

Dominus Iesus wendet sich ausdrücklich gegen die Relativierung biblischer Wahrheiten durch den Zeitgeist des Pluralismus: "Die immer währende missionarische Verkündigung der Kirche wird heute durch relativistische Theorien gefährdet, die den religiösen Pluralismus rechtfertigen wollen. Nur Jesus Christus ist ganzer Gott, ganzes Wort Gottes und einziger Vermittler zu Gott dem Vater (DI §9-12). In ähnlicher Weise ist auch fest zu glauben, dass es nur eine einzige, vom einen und dreifaltigen Gott gewollte Heilsordnung gibt, in deren Mitte die Fleischwerdung Gottes in Jesus Christus steht. Diese Wahrheit betrifft nicht nur Christen. Außerdem erstreckt sich das Heilswirken Jesu Christi mit und durch seinen Geist über die sichtbaren Grenzen der Kirche hinaus auf die ganze Menschheit. (DI §11) Es gehört zum beständigen Glaubensgut der Kirche, dass Jesus Christus, der Sohn Gottes, der Herr und der einzige Erlöser ist, der durch seine Menschwerdung, seinen Tod und seine Auferstehung die Heilsgeschichte, die in ihm ihre Fülle und ihren Mittelpunkt findet, zur Vollendung gebracht hat." (DI §13)

Dieser Sicht wird sich auch die NAK kaum verschließen können. Öffnung ist keine Einbahnstraße. Öffnung geht sowohl von außen nach innen, wie auch von innen nach außen. Wer, wie der Stammapostel, Öffnungshoffnungen weckt, sollte auf Öffnungsbereitschaft stoßen und nicht auf ängstliches Wegducken vor der konservativ-traditionellen Klientel.

Wer einen souveränen Glauben sowie Vertrauen in Gott hat, wer seinen Nächsten schätzt und achtet, dürfte sich vor Vielfalt in der

NAK-Presse nicht fürchten, insbesondere dann nicht, wenn die Printmedien gegenüber den Veröffentlichungen im *worldwide web* weiter an Boden verlieren.

Gerade dann ist aber eine vorgeschobene Furcht vor dem konservativen Teil der neuapostolischer Gläubigen respektive deren Finanzkraft, die hinter diesen, auch die ′UF′ betreffenden Reglementierungs- und Abschottungsmaßnahmen steht, kontraproduktiv, weil Veröffentlichungen im Netz einen weit größeren Multiplikationsfaktor haben als Printmedien. Schließlich geschieht mit dem Abdruck der Rezension eines Jesusverherrlichenden Buches, woraus auch der Stammapostel zitiert, nichts Anstößiges, Unmoralisches oder Unchristliches. Für theologisch interessierte Geschwister gibt das Buch einen interessanten Einblick in die Jesu-Exegese. Und es war niemand anders als Stammapostel Leber selbst, der eigenständig formulierte: *"Wir sind letztlich auf die wissenschaftlichen Erkenntnisse der anderen angewiesen."*[91]

Die Haltung der Kirchenzeitung, auf die sich die Kirchenführung beruft, mag unchristlich, unökumenisch und kontraproduktiv sein. Letztlich drückt sich darin die Angst vor Deutungsverlusten aus. Dass sie von der Realität längst überholt wurde, zeigt das Beispiel des südhessischen NAK-Chores (KCSH), der eine katholische Messe in Rom (!) umrahmte und von Kardinal Giovanni Lajolo wohlwollend empfangen wurde.[92] Ein Beispiel christlicher Großherzigkeit, dessen ökumenischer Wirkung sich die NAK auf Dauer nicht wird verschließen können. Auch nicht in ihrer Kirchenzeitung, die diesen bislang einmaligen Vorgang erwartungsgemäß nicht näher beschrieb.

---

[91] Stammapostel Wilhelm Leber im Interview mit der ev. Zeitschrift "Idea-Spektrum", http://juauwe.de/uploads/mediapool/ebooks/StAp-Leber.pdf

[92] http://www.nac-mgemnowa.org/hrs_german/hrs/about_us/news/meldungen/2009_07_06_47186123_meldung.php

## 9. Heiliger Geist und partielle Heilsexklusivität

Gemäß den Worten Jesu "Es sei denn, dass jemand wiedergeboren werde aus Wasser und Geist, so kann er nicht in das Reich Gottes kommen", steht außer Frage, dass für die Würdigkeit der Seele die Taufe und die Hinnahme des Heiligen Geistes Grundvoraussetzungen sind. In Jesu Missionsbefehl, der in Matthäus 25,19 und in Markus 16,16 beschrieben ist, spricht Jesu jedoch nur von der Taufe, nicht aber auch von der Versiegelung. In der Apostelgeschichte wird dann aber an mehreren Stellen speziell auf die Spendung des Heiligen Geistes hingewiesen. Wie kann man das verstehen? Hierzu einige Textstellen über den Empfang des Hl. Geistes: *"Aber am letzten Tag des Festes, der der höchste war, trat Jesus auf und rief: Wen da dürstet, der komme zu mir und trinke!"* (Joh.7,37)

(38) *"**Wer an mich glaubt**, wie die Schrift sagt, von dessen Leib werden Ströme lebendigen Wassers fließen."*

(39) *"**Das sagte er aber von dem Geist, den die empfangen sollten, die an ihn glaubten;** denn der Geist war noch nicht da; denn Jesus war noch nicht verherrlicht."*

Apg.2,37: *"Als sie aber das hörten, ging's ihnen durchs Herz und sie sprachen zu Petrus und den andern Aposteln: Ihr Männer, liebe Brüder, was sollen wir tun?"*

(38) *"Petrus sprach zu ihnen: **Tut Buße und jeder von euch lasse sich taufen** auf den Namen Jesu Christi zur Vergebung eurer Sünden, **so werdet ihr empfangen die Gabe des Heiligen Geistes.**"*

Apg.10,44-48: *"Während Petrus noch diese Worte redete, **fiel** der Heilige Geist auf alle, die dem Wort zuhörten."*

(45) *"Und die gläubig gewordenen Juden, die mit Petrus gekommen waren, entsetzten sich, weil **auch auf die Heiden die Gabe des Heiligen Geistes ausgegossen wurde**",*

(46) *"denn sie hörten, dass sie in Zungen redeten und Gott hoch priesen."*

(47) *"Da antwortete Petrus: Kann auch jemand **denen** das Wasser zur Taufe verwehren, **die den Heiligen Geist empfangen haben ebenso wie wir?**"*

(48) *Und er befahl, sie zu taufen in dem Namen Jesu Christi."*
Die Gerechtigkeit aus dem Glauben (Gal.3,1-12)
(1) *"O ihr unverständigen Galater! Wer hat euch bezaubert, denen doch Jesus Christus vor die Augen gemalt war als der Gekreuzigte?"*
(2) *"Das allein will ich von euch erfahren: Habt ihr* ***den Geist empfangen*** *durch des Gesetzes Werke* ***oder durch die Predigt vom Glauben****?"*
(3) *"Seid ihr so unverständig? Im Geist habt ihr angefangen, wollt ihr's denn nun im Fleisch vollenden?"*
(4) *"Habt ihr denn so vieles vergeblich erfahren? Wenn es denn vergeblich war!"*
(5) *"Der euch nun den Geist darreicht und tut solche Taten unter euch, tut er's durch des Gesetzes Werke* ***oder durch die Predigt vom Glauben****?"*
(6) *"So war es mit Abraham:* ***Er hat Gott geglaubt und es ist ihm zur Gerechtigkeit gerechnet worden.****"*
(7) *"Erkennt also: die aus dem Glauben sind, das sind Abrahams Kinder."*
(8) *"Die Schrift aber hat es vorausgesehen,* ***dass Gott die Heiden durch den Glauben gerecht macht****. Darum verkündigte sie dem Abraham* (Gen.12,3)*: "In dir sollen alle Heiden gesegnet werden."*
(9) *"So werden nun die, die aus dem Glauben sind, gesegnet mit dem gläubigen Abraham."*
(10) *"Denn die aus den Werken des Gesetzes leben, die sind unter dem Fluch. Denn es steht geschrieben:* ***„Verflucht sei jeder, der nicht bleibt bei alledem, was geschrieben steht in dem Buch des Gesetzes, dass er's tue!"*** (5.Mos.27,26)
(11) *"Dass aber durchs Gesetz niemand gerecht wird vor Gott, ist offenbar; denn der Gerechte wird aus Glauben leben."* (Habak.2,4).
(12) *"Das Gesetz aber ist nicht aus Glauben, sondern: der Mensch, der es tut, wird dadurch leben."* (3.Mos.18,5)
(13) *"Christus hat uns aber erlöst vom Fluch des Gesetzes [...],"*

(14) *"damit der Segen Abrahams unter die Heiden komme in Christus Jesus* ***und wir den verheißenen Geist empfingen durch den Glauben****."*

*"Wenn nun ihr, die ihr böse seid, euren Kindern gute Gaben geben könnt,* ***wie viel mehr wird der Vater im Himmel den Heiligen Geist geben denen, die ihn bitten****!"* (Luk.11,13, Hervorhebungen des Verf.)

Die *Handauflegung* ist nur eine äußere menschliche Geste. Sie bewirkt nicht ein Handeln des Geistes, denn dieser bedarf des Fleisches nicht, um existieren zu können und sich auszubreiten. Geist zieht auch nicht über die Schädeldecke in den Menschen, sein Weg in die Seele führt nicht über fleischliche Kanäle. Die Überbetonung einer *Handauflegung* gibt dieser körperlichen Bewegung ein Zuviel an Gewicht und lässt zu wenig erkennen, dass der Geist nicht an einen Körper gebunden ist.

Wer schließlich die *Handauflegung* als unabdingbar notwendig ansieht, macht Menschen von anderen Menschen abhängig. Solcher glaubt nicht, dass Gott einen einsamen Menschen so lieben kann, dass er diesem seinen Geist ohne Zutun eines Dritten schenkt.

Die nachfolgend unvollständige Zusammenstellung biblischer Äußerungen unterstreicht die Größe des Hl. Geistes und seine Unabhängigkeit von Menschen. (Apg,8,17; Apg.19,6)

Ganz ohne Handauflegung wird der Hl. Geist direkt von Gott gegeben: *"Verwirf mich nicht von deinem Angesicht, und nimm deinen Heiligen Geist nicht von mir."* (Ps.51,13)

*"Da gedachte sein Volk wieder an die vorigen Zeiten, an Mose: Wo ist denn nun, der aus dem Wasser zog den Hirten seiner Herde? Wo ist, der seinen Heiligen Geist in ihn gab?"* (Jes.63,11)

*Und es begab sich, als Elisabeth den Gruß Marias hörte, hüpfte das Kind in ihrem Leibe. Und Elisabeth wurde vom Heiligen Geist erfüllt."* (Luk.1,41)

*"Und sein Vater Zacharias wurde vom Heiligen Geist erfüllt, weissagte und sprach:* (Luk.1,67) *"Durch ihn habt auch ihr das Wort der Wahrheit gehört, das Evangelium von eurer Rettung; durch ihn habt ihr das Siegel des verheißenen Heiligen Geistes empfangen, als ihr den Glauben annahmt."* (Eph.1,13)

*"Wenn nun ihr, die ihr böse seid, euren Kindern gute Gaben geben könnt, wie viel mehr wird der Vater im Himmel den Heiligen Geist geben denen, die ihn bitten!"* (Luk.11,13)
*"Als ich aber anfing zu reden, fiel der Heilige Geist auf sie ebenso wie am Anfang auf uns."* (16) *"Da dachte ich an das Wort des Herrn, als er sagte: Johannes hat mit Wasser getauft; ihr aber sollt mit dem Heiligen Geist getauft werden."* (Apg.11,15.,16)
*"Und Hananias ging hin und kam in das Haus und legte die Hände auf ihn und sprach: Lieber Bruder Saul, der Herr hat mich gesandt, Jesus, der dir auf dem Wege hierher erschienen ist, dass du wieder sehend und mit dem Heiligen Geist erfüllt werdest."* (Apg.9,17)
Bemerkenswert deshalb, weil Hananias kein Apostel war.
*"Während Petrus noch diese Worte redete, fiel der Heilige Geist auf alle, die dem Wort zuhörten."* (Apg.10,44)
*"Wer das nun verachtet, der verachtet nicht Menschen, sondern Gott, der seinen Heiligen Geist in euch gibt."* (1.Thess.4,8)
Es ist unseriös, wenn man sich die Bibel so hinbiegt, wie man sie gerne hätte, anstatt sich nach ihr auszurichten. Wohl kann der Hl. Geist in einen Menschen kommen, wenn ihm die Hände aufgelegt werden, aber nicht durch Handauflegung allein, wie wir am Beispiel von Annanias sehen, vor allem **nicht nur** durch Apostel. In dieser Frage gibt es wohl mehr Scheuklappenträger als Segensträger. Es geht auch nicht darum, wer das Werkzeug ist, ob er sich Apostel oder Bruder nennt. Der Geist kann einen Menschen auch ohne Handauflegung erfüllen. Das geht aus der Bibel hervor. *"Glaube an den Herrn Jesus, so wirst du und dein Haus selig!"* (Apg.16,31)
Apostel Kühnle stellte in einem Interview fest:
*"Die Frage nach der Heilsexklusivität ist ein Begriff, der leicht in die Irre führt. Wir sagen klar und deutlich, dass mit der Wiederkunft Christi zur Heimholung der Braut ein Heilsabschnitt endet, dem sich jedoch weitere Heilsabschnitte Gottes anschließen. Es ist also nicht so, dass wer nicht neuapostolisch ist, vom Heil aus-*

*geschlossen wäre – selbst wenn dies so immer wieder dargestellt wird.'*[93]

Heilsexklusivität ist demnach ein Begriff, den wir irrtümlich gebrauchen, weswegen der Begriff der weiteren "Heilsabschnitte" treffender wäre, denn es bliebe nicht mehr viel Heil übrig. Durch den Kunstgriff der Heilsperiodisierung reduzierte sich die Heilsexklusivität auf eine Erwählungsexklusivität, was aber ebenso irreführend ist, da es sich nur um eine Erwählungsexklusivität zur ersten Heilsphase handelte und somit eine partielle Heilsexklusivität wäre. Da göttliches Heil aber ebenso wenig aufteilbar ist wie göttliche Wahrheit oder göttliche Liebe (es gibt nicht ein bisschen Wahrheit oder ein wenig Liebe), muss man definieren, was Heil in dem von der NAK-Lehre intendierten und gewünschten biblischen Sinne ausmacht.

Heil im neuapostolischen Sinn ist nämlich nicht die Gnade, beim Endgericht zu bestehen, um daraufhin ins Reich Gottes einzutreten, sondern das Heil besteht ausschließlich in der Teilnahme an der Hochzeit des Lammes, im zweiten Heilsschritt und als unmittelbare Folge daraus, das Priestertum im Tausendjährigen Friedensreich: *"Selig und heilig, wer an der ersten Auferstehung teilhat. Über solche hat der zweite Tod keine Gewalt. Sie werden Priester Gottes und Christi sein und tausend Jahre mit ihm herrschen."* (Offb.20,6)

Dies ist das Heil, das Gotteskinder erwartet und das, auch aus neuapostolischer Sicht, als vollumfängliches Heil für die ganze Menschheit zu gelten hat. Dies ist das Heil, welches neuapostolische Heilsprägung ausmacht und das in ihrem Sinne den alles entscheidenden Hauptpunkt des göttlichen Heilsplanes darstellt. Damit aber verfällt nach neuapostolischer Eschatologie gleichzeitig das von Kühnle versprochene und periodisierte "Ersatzheil" weiterer Heilsstufen, was ohnehin nur das Endgericht bedeuten könnte. Diese "weiteren Heilsabschnitte Gottes", die Kühnle vielleicht aus kirchenpolitischen Erwägungen betont, sind in der neuapostolischen Kirchenlehre genau definiert: Weiteres Heil ist dort nicht vorhanden. Nach der NAK-Heilslehre gilt nach wie vor,

[93] Volker Kühnle im Interview mit "Christ im Dialog" (CiD), 2007

dass der "zweite Tod", jene betrifft, die nicht an der Ersten Auferstehung teilgenommen haben, was bedeutet, geistiger Tod und ewiges Getrenntsein von Gott.

Nach dem Heilsverständnis der NAK und ihrer Eschatologie gibt es zwei Auferstehungen: Die erste Auferstehung zum Leben und die zweite Auferstehung zum Tod. Abgeleitet wird diese Lehre aus der in Offenbarung 14,14-20 beschriebenen zwiefachen Ernte der Erde:

1. "Und ich sah, und siehe, eine weiße Wolke. Und auf der Wolke saß einer, der gleich war einem Menschensohn; der hatte eine goldene Krone auf seinem Haupt und in seiner Hand eine scharfe Sichel. Und ein andrer Engel kam aus dem Tempel und rief dem, der auf der Wolke saß, mit großer Stimme zu: Setze deine Sichel an und ernte; denn die Zeit zu ernten ist gekommen, denn die Ernte der Erde ist reif geworden. Und der auf der Wolke saß, setzte seine Sichel an die Erde, und die Erde wurde abgeerntet.

2. Und ein andrer Engel kam aus dem Tempel im Himmel, der hatte ein scharfes Winzermesser. Und ein andrer Engel kam vom Altar, der hatte Macht über das Feuer und rief dem, der das scharfe Messer hatte, mit großer Stimme zu: Setze dein scharfes Winzermesser an und schneide die Trauben am Weinstock der Erde, denn seine Beeren sind reif! Und der Engel setzte sein Winzermesser an die Erde und schnitt die Trauben am Weinstock der Erde und warf sie in die große Kelter des Zornes Gottes. Und die Kelter wurde draußen vor der Stadt getreten, und das Blut ging von der Kelter bis an die Zäume der Pferde, tausendsechshundert Stadien weit."

Dies bedeutet unmissverständlich, dass das untrennbar göttliche Heil nur der finden könne, der teilhat an dieser Ersten Auferstehung. Entweder man gehört zur Braut Christi, was das Ziel eines jeden Menschen sein sollte, sonst liefe jede neuapostolische Mission ins Leere, oder man hat die Chance, während des großen Verderbens als Märtyrer zu sterben, um wenigstens auferstehungsteilhaftig zu werden und nicht dem ewigen Tod anheim zu fallen.

Damit kommen wir zum zweiten Heilspunkt neuapostolischer Eschatologie, der mit dem ersten untrennbar verbunden ist, da die

Teilnahme an der Heimholung der Braut in den Hochzeitssaal gewissermaßen automatisch verhindert, als Märtyrer oder ewig Verlorener am großen Verderben teilnehmen zu müssen. Eine, aus neuapostolischer Sicht und Glaubenslehre, naive Verniedlichung der damit verbundenen Konsequenzen.
Nach der Wiederkunft Christi zur Heimholung seiner Braut (Heilsgemeinde) wird nach immer noch gängiger, wenn auch nicht mehr öffentlichen Lehre, das größte und furchtbarste Verderben über die Menschheit hereinbrechen, das diese Erde jemals erlebt hat. Jahrzehntelang warnte die Kirche davor in suggestiv-angstbesetzten Schilderungen. Mit seinen Aussagen verniedlicht Kühnle das derart skizzierte Harmageddon, indem er ausführt, dass es nicht unbedingt zum Heil eines jeden Christen gehören müsse, schon an der Ersten Auferstehung teilzunehmen. Es kämen ja weitere Heilszeiten, wo noch die Chance zur Umkehr auf den neuapostolischen Weg des Heils möglich wäre, denn so wie die neuapostolischen Apostel auf Erden gepredigt haben, so werden sie auch als Priester Gottes im Tausendjährigen Friedensreich tätig sein – alles andere wäre unlogisch.
Diese, doch sehr eigenwillige, spitzfindige und naive Weise, mit der Mitglieder der Kirche, vor allem die christliche Öffentlichkeit, desavouiert werden, ist unbedacht und beschneidet Gottes Allmacht und Liebe. Christliche Emanzipation und eschatologische Ehrlichkeit sind in der NAK schlecht fürs Geschäft – in sakraler wie in säkularer Hinsicht. Kein Braut-Heil außerhalb der NAK! Das hätte man wissen können.
Diese Selbstwahrnehmung lässt keinen Raum für den Sendungsauftrag Jesu, allen Menschen - gleich welchen Herkommens, Glaubens oder welcher Kultur - ja, aller Welt Jesu Zeugen zu sein: durch eine Lebenspraxis, die dem Anderen, dem Mitmenschen, der Gesellschaft, allem Leben, eben der ganzen Welt, die ja Gottes ist, gerecht wird.
Was das bedeutet, lehrt allein die Praxis! Das Bemühen, dem Anderen, ja, allen Dingen des Lebens im Geiste Jesu gerecht zu werden, führt zwangsläufig in das Leiden, das Jesus gelitten hat, und an dem wir teilhaben müssen, wenn wir mit Gott Gemeinschaft haben wollen.

Von Religion, Dogmen, Heilssicherheit bleibt da nicht viel mehr übrig als jener wachsende Dennoch-Glaube an Gott und seinen Sohn Jesus Christus, der uns, den Menschen, durch tiefste Dunkelheiten führt. Aber erst eine solche, aus dem Geist und dem Glauben Jesu gelebte Existenz vermag glaubhaft in die Welt, in die Gesellschaft hinein zu vermitteln: dieser Jesus kommt gewiss! Er, dessen heilende Gegenwart schon jetzt schemenhaft in seiner Nachfolge wahrzunehmen ist, wird an dem Tag, den Gott allein kennt, der ganzen Welt auch sieghaft vollkommen erscheinen!

## 10. Die Sündenvergebung im Evangelium

Durch die Sünde wurde eine Trennung zwischen Gott und den Menschen bewirkt. Bereits den ersten Sündern verkündigt Gott den Ausweg: Jesus Christus als Sieger über Sünde und Tod wird der Schlange den Kopf zertreten. Der Kern des Evangeliums ist die durch den freiwilligen Opfertod Jesu Christi bewirkte Erlösung. Diese Erlösung, welche die Vergebung der Sünden einschließt, ist einmalig und ewig gültig. Der Opferdienst des alten Bundes findet damit sein Ende.

Die Lehraussagen von Uster wie auch "Fragen und Antworten zum Neuapostolischen Glauben" gehen nicht von einer ausschließlich durch Apostel verkündeten Freisprache als notwendige Bedingung für die Vergebung der Sünden aus. Stammapostel Leber hatte sich nach eigenem Bekunden 2006 in Osnabrück mit der Aussage, die Sündenvergebung könne allein durch das neuapostolische Apostelamt erfolgen, zu weit vorgewagt. Doch diese Erkenntnis wurde nur indirekt über offizielle kirchliche Medien publiziert. Gemerkt haben es wohl die wenigsten.

Unter Punkt 5. des "Selbstbild der Neuapostolischen Kirche" ist nach wie vor vermerkt, dass die Spendung der Sakramente Heilige Versiegelung und Heiliges Abendmahl, sowie die Vergebung der Sünden an das Apostelamt gebunden sind. Die derzeitigen Lehraussagen verlangen also den Glauben an eine exklusive, nur in der Neuapostolischen Kirche wirksame Sündenvergebung.

Wenn die Apostel nicht tätig werden, dann ist auch keine Sündenvergebung da. Eine solche Aussage ist nicht haltbar und trennt die Kirche ohne Not von der übrigen Christenheit. Sie ist im Übrigen nicht notwendig, um die Wichtigkeit des Apostelamtes zu manifestieren. Die Aufgaben des Apostolats gehen weit über die Sündenvergebung hinaus.
Man kann verstehen, dass Kirchen die Präferenz der Sündenvergebung für sich reklamieren: Sie binden allzu gern ihre Mitglieder an sich. Zumindest dieser Vorwurf zieht an der RK vorbei. Man werfe nur einen Blick darauf, was Benedikt XVI. 1996 als Kardinal schrieb: *"Es gibt so viele Wege zum Heil, wie es Menschen gibt."*[94]
Die Sündenvergebung ist uns durch das Opfer Christi generell angeboten. Sie geschieht für den einzelnen Gläubigen durch das Sündenbekenntnis (Spr.28,13; Luk.15,21; 1.Joh.1,9) und durch das Vertrauen im Glauben an Gott und Jesus. Diese Gnade kann man annehmen. Dazu muss man nicht Textabschnitte der Bibel eisegetisch so umdeuten, als habe Jesus ein bestimmtes Amt einer bestimmten Kirche dazu beauftragt, wie das die NAK praktiziert.
Der Auftrag zur Sündenvergebung ist nicht an Menschen erteilt und gebunden worden (Matth.16,19;18,18 und Joh.20,23). Nur Gott allein kann Sünden vergeben, der Priester (der NAK, RK etc.) spricht die Sündenvergebung lediglich autoritativ zu. Das ist der Schatz, den Christus seiner Kirche (ekklesiologisch!) hinterlassen hat.
Der Anspruch, die Sündenvergebung wäre an ein gewisses Amt einer gewissen Kirche gebunden sei, ist demzufolge nicht zutreffend. Es gibt viele Wege der Sündenvergebung, die aber längst nicht alle bekannt sind. Es gibt keine Schriftgrundlagen, woraus sich eine in die (konfessionelle!) Kirche gelegte Sündenvergebung herleiten lässt. Das Verständnis von Kirche, welches Jesus vor Augen hatte, ist nicht Kirche im Sinne einer konfessionellen Selbstorganisation oder Körperschaft, sondern Kirche im ekklesiologischen Sinne.

---

[94] Joseph Ratzinger, Salz der Erde, 1996

Die Hl. Schrift ist angefüllt mit konkreten Aussagen zur Vergebung der Sünden, welche allen zuteil wird, die an Jesus Christus glauben. Die Fülle dieser Aussagen lassen bei nüchterner Betrachtung nicht den Schluss zu, dass eine Verkündigung der Vergebung nötig wäre, um die Erlösung wirksam werden zu lassen. Hier einige der unzähligen Hinweise auf die bewirkte Vergebung der Sünden: *"In ihm haben wir die Erlösung durch sein Blut, die Vergebung der Sünden, nach dem Reichtum seiner Gnade."* (Eph.1,7)

*"Er hat uns errettet von der Macht der Finsternis und hat uns versetzt in das Reich seines lieben Sohnes."* (14) *"In dem wir die Erlösung durch sein Blut haben, nämlich die Vergebung der Sünden."* (Kol.1,13.,14)

*"Von diesem bezeugen alle Propheten, dass durch seinen Namen alle, die an ihn glauben, Vergebung der Sünden empfangen sollen."* (Apg.10,43)

*"Ich rede aber von der Gerechtigkeit vor Gott, die da kommt durch den Glauben an Jesus Christus zu allen, die glauben."* (23) *"Denn es ist hier kein Unterschied: sie sind allesamt Sünder und ermangeln des Ruhmes, den sie bei Gott haben sollten."* (24) *"Und werden ohne Verdienst gerecht aus seiner Gnade durch die Erlösung, die durch Christus Jesus geschehen ist."* (Röm.3,22-24)

*"Und er hat euch mit ihm lebendig gemacht, die ihr tot wart in den Sünden und in der Unbeschnittenheit eures Fleisches, und hat uns vergeben alle Sünden."* (14) *"Er hat den Schuldbrief getilgt, der mit seinen Forderungen gegen uns war, und hat ihn weggetan und an das Kreuz geheftet."* (Kol.2,13.,14)

*"Wenn wir aber unsre Sünden bekennen, so ist er treu und gerecht, dass er uns die Sünden vergibt und reinigt uns von aller Ungerechtigkeit."* (1.Joh.1,9)

*"Meine Kinder, dies schreibe ich euch, damit ihr nicht sündigt. Und wenn jemand sündigt, so haben wir einen Fürsprecher bei dem Vater, Jesus Christus, der gerecht ist."* (2) *"Und er ist die Versöhnung für unsre Sünden, nicht allein aber für die unseren, sondern auch für die der ganzen Welt."* (1.Joh.2,1.,2 pp)

Im Johannes-Evangelium wird der Auftrag der Sündenvergebung in der ersten Begegnung des auferstandenen Jesus Christus mit seinen Jüngern in besonderer Weise beschrieben. Jesus sagt unter anderem: *"Welchen ihr die Sünden erlasst, denen sind sie erlassen und welchen ihr sie behaltet, denen sind sie behalten."* (Joh.20,23).

Diese oft zitierten Worte richten sich an die Jünger Jesu, nicht allein an seine Apostel. Dies wird bereits durch den nächsten Vers deutlich: *"Thomas aber, der Zwilling genannt wird, einer der Zwölf, war nicht bei ihnen, als Jesus kam."* (Joh.20,24).

Der Hinweis "einer der Zwölf" macht bereits deutlich, dass mit dem vorangegangenen Vers nicht nur die zwölf Apostel gemeint waren, sonst wäre der Hinweis entbehrlich gewesen. Ganz deutlich wird dies, wenn man die Parallelstelle im Lukas-Evangelium heranzieht: *"Und sie* [die Emmaus-Jünger] *standen auf zu derselben Stunde, kehrten zurück nach Jerusalem und fanden die Elf versammelt* ***und die bei ihnen waren."*** (34) *"Die sprachen: Der Herr ist wahrhaftig auferstanden und Simon erschienen."* (35) *"Und sie erzählten ihnen, was auf dem Wege geschehen war und wie er von ihnen erkannt wurde, als er das Brot brach."*

(36) *"Als sie aber davon redeten, trat er selbst, Jesus, mitten unter sie und sprach zu ihnen: Friede sei mit euch!"* (Luk.24,33-36, Hervorhebung des Verf.).

Hier wird deutlich, dass neben den elf Aposteln, die bei ihnen waren, auch die Emmaus-Jünger anwesend waren. Es gibt keinen Hinweis darauf, dass Lukas hier eine andere Begebenheit schildert, selbst wenn er anderes berichtet als Johannes. Es ist das erste Auftreten des Auferstandenen im Kreis seiner Jünger.

Der ausdrückliche Auftrag zum Vergeben und Behalten von Sünde ist im Nexus mit der sogenannten ´Gemeinde-Zucht´, der gottgewollten Ordnung innerhalb seiner Gemeinde, zu sehen, und wird im Kontext mit der sehr ähnlichen Stelle in Matth.18,18 deutlich: *"Wahrlich, ich sage euch: Was ihr auf Erden binden werdet, soll auch im Himmel gebunden sein, und was ihr auf Erden lösen werdet, soll auch im Himmel gelöst sein."*

Der Kontext macht hier sehr deutlich, dass es sich bei dem Lösen und Binden bzw. beim Vergeben und Behalten von Sünden um

Einzelfallentscheidungen handelt, welche nach sorgfältiger Prüfung getroffen werden sollen: *"Sündigt aber dein Bruder an dir, so geh hin und weise ihn zurecht zwischen dir und ihm allein. Hört er auf dich, so hast du deinen Bruder gewonnen."* (16) *"Hört er nicht auf dich, so nimm noch einen oder zwei zu dir, damit jede Sache durch den Mund von zwei oder drei Zeugen bestätigt werde."* (17) *"Hört er auf die nicht, so sage es der Gemeinde. Hört er auch auf die Gemeinde nicht, so sei er für dich wie ein Heide und Zöllner."* (Matth.18,15-17)
Damit obliegt den Boten Gottes die Entscheidung, was als Sünde zu betrachten ist, also der Reue und Vergebung bedarf. Fehlen die Einsicht und/oder der Wille zur Buße, so sind diese Sünden zu behalten. Soweit hier im Sinn und Geist Christi Recht gesprochen wird, steht Gott zu der Entscheidung seiner Gesandten. Keinesfalls aber kann aus der Formulierung *"...welchen ihr sie behaltet, denen sind sie behalten."* (Joh.20,23) abgeleitet werden, dass allen Menschen, die die Verkündigung der frohen Botschaft nicht von Aposteln oder ihren Gesandten hören, die Sünden damit behalten sind.
Würde die Neuapostolische Kirche in ihre Lehraussagen die Behauptung aufnehmen, dass nur dort Vergebung der Sünden bewirkt wird, wo Apostel diese verkündigen, dann wäre mit dem Versterben des letzten Apostels der urchristlichen Zeit für mehr als 1700 Jahre auch keine Sündenvergebung mehr möglich gewesen.
Damit wäre der Kern des Evangeliums in dieser Zeitspanne verloren gewesen. Das Evangelium wäre zu einer "Leider-nicht-für-euch-Botschaft" verkommen und hätte sich sicherlich nicht weiter ausgebreitet.
Wollte man diesem Gedanken weiter folgen, wären die meisten der neuapostolischen Abendmahls-Lieder in völliger Verblendung geschrieben. Die besungene Erlösung hätte für den Liederdichter der damaligen Zeit gar nicht bestanden. Erst durch Aufnahme dieser Lieder in das neuapostolische Gesangbuch sänge man diese Lieder erstmals mit Berechtigung. Auch Martin Luther wäre mit seinen Erkenntnissen komplett abzulehnen, weil er die Rechtfertigung allein aus dem Glauben predigte. Allerdings ist

seine Theologie in der Lehre der Neuapostolischen Kirche nahezu gar nicht wiederzufinden.
Die Gläubigen müssen von dem in der Vergangenheit idealisierten Bild ihrer Kirche wegkommen zu einer realistischen Einschätzung und auch Wertschätzung dessen, was der erhabene Anspruch unseres Herrn ist.
Die Neuapostolische Kirche und ihre Leitung haben die Pflicht, die Fehler und Sünden der Vergangenheit zu bekennen und Buße zu tun. Jesus fordert es ja: ‚Tue Buße´! Erkenne, was nicht in Ordnung ist, habe den Willen dich zu ändern, bereue es und gehe unter die Gnade. Das müsste eigentlich ein Bedürfnis sein. Wenn sie bereit ist, diese Buße zu tun, kommt sie automatisch in die Erneuerung hinein. In dem Augenblick, wo Fehler geschehen sind, muss man sie eingestehen, sonst wird man unglaubwürdig.

## 11. Sukzession und Naherwartung

Nach dem was uns die Hl. Schrift berichtet, hat Gott konkrete Vorstellungen davon, wie sein auf dieser Erde begonnenes Erlösungswerk vollendet werden soll. Der Glaube, den richtigen Weg zu gehen, beinhaltet nicht notwendig die Feststellung, dass alle anderen Wege nicht in die Erlösung zu Gott führen. Vielmehr liegt es in der Natur des Erlösungswerkes Gottes an eine göttliche Gnade gegenüber jenen Christen zu glauben, die sich in ernsthafter Weise bemühen, den göttlichen Geboten Folge zu leisten und ihr Leben an den Geboten Jesu auszurichten. Wie weit Gott uns und allen Menschen Gnade schenkt, entzieht sich dem menschlichen Wissen und dem Verstand, bietet aber Raum für eine feste Hoffnung.
Es ist nicht zielführend, die Hl. Schrift stets nur unter der Prämisse auszulegen, dass sich die Identität einer Kirche nicht ändern darf. Vielmehr halte ich es für unsere Pflicht gegenüber Gott, stets nach dem Willen Gottes zu fragen und zu ringen, im Optimalfall völlig losgelöst von den Dogmen der Kirche. Man muss Gott eine Chance geben, mir das zu sagen, was möglicherweise gar nicht meinem Erwartungshorizont entspricht. Mit anderen

Worten: Ich darf keine Schlussfolgerung deshalb ausschließen, weil nicht sein kann, was nicht sein darf. Diesen Fehler begingen die Pharisäer und auch die ersten Apostel der neuen Ordnung, weil letztere sich – ohne Not – auf eine bestimmte Anzahl von Aposteln festgelegt hatten.

Man kann einer Religion, Glaubensgemeinschaft oder Kirche nicht absprechen, ein Recht auf behauptete Exklusivität zum Ausdruck zu bringen. Diese Ansicht muss aber nicht geteilt werden. Interessanter als die Exklusivitätsbehauptung ist ihre Begründung.

Betrachten wir den Unterschied zwischen der NAK und der röm.-kath. Kirche. Eine Begründung auf Grund der Bibel und der daraus entwickelten Theologie ist diskutabel. So beruft sich die Stellungnahme der Glaubenskongregation auf die apostolische Sukzession und desweiteren auf die Priesterweihe, während die protestantischen Kirchen gerade diese Argumente grundsätzlich ablehnen. Die Situation der NAK ist damit nicht vergleichbar. Sie steht weder in einer apostolischen Sukzession im Hinblick auf die Urkirche noch auf die Apostelrufungen in England. Insofern bedarf sie anderer Begründungen, um in eine ernsthafte Argumentation über die von ihr vertretene Exklusivität eintreten zu können. Bisher ist als Extrakt des neuapostolischen Exklusivitätsanspruchs nicht mehr herausgekommen als:

a) das Argument der Apostolizität,

a1) wir haben Apostel wie in der Urkirche,

a2) unsere Apostel sind die einzig legitimierten, weil sie dem Stammapostel nachfolgen,

a3) diese so legitimierten Apostel sind heilsnotwendig,

b) das Argument der Geistspendung,

b1) der Begriff der "Spendung" sollte durch die Stellungnahme zur Wirksamkeit des Hl. Geistes scheinbar ausgeräumt werden, aber es ist sowohl in Folgestellungnahmen als auch in Äußerungen des Stammapostels und der Apostel nach wie vor zu finden,

b2) der Hl. Geist wirkt permanent nur in der NAK, auch wenn ihm eine anderweitige "sporadische Wirksamkeit" nicht abgesprochen wird,

c) das Argument von der Apokalypse her,

c1) Offb.20,6, da die NAK als einzige diese Textstelle zutreffend interpretiert,
c2) wer immer auch Offb.20,6 gleichlautend auf sich bezogen interpretieren sollte, geht fehl, weil dort das einzig legitimierte Apostelamt nicht wirksam ist,
c3) die Zukunft wird erweisen, was richtig ist und was falsch.
Solche Argumente aber begründen sich aus sich selbst und entziehen sich jeder ernst gemeinten Diskussion. Die neuapostolische Vorstellung geht davon aus, dass es des Zutuns eines neuapostolischen Apostels bedarf, um die Gotteskindschaft zu erlangen. Ob auch andere Christen von Gott angenommen würden, könne nicht bejaht, aber auch nicht verneint werden. Damit stellt sich die NAK nicht als absolute, sehr wohl aber als exklusive Heilsvermittlerin zwischen Gott und den Menschen, denn sie sagt: **Das Heil in Jesu kann regelmäßig nur durch das Zutun** (Versiegelung) **der NAK-Apostel erworben werden,** möglicherweise gäbe es Ausnahmen von dieser Regel.
Die Vorstellungen anderer Kirchen, z.B. der RK, gehen davon aus, dass es zur Erlangung der Gotteskindschaft keines menschlichen Zutuns bedarf, Gott erwähle sich seine Kinder selbst. Die Frage, ob auch andere, außerhalb der RK stehende Christen Gotteskinder seien, wird unter Verweis auf Röm.8,14 ausdrücklich bejaht.
Wenn man die NAK betrachtet, so zeigt sich ein diffuses Bild von exklusivistischer (nur wir haben das volle Heil) inklusivistischer (wir sprechen keiner Kirche das Heil ab) bis hin zu internpluralistischer (unsere zeitlich und räumlich verschiedenen und häufig konträren Lehrinhalte entsprechen der jeweiligen Zeit/dem jeweiligen Raum) Theologie. Auch hier wird einer sachlichen Diskussion von vornherein der Boden entzogen.
Interessanterweise hat das meist schwärmerische Adventistentum (im allgemeinen Sinn als Anhänger einer eschatologischen Naherwartungslehre verstanden) seinen Ursprung fast ausschließlich im Lager pietistischer Weltuntergangsverkünder, die zu allen Zeiten meinten, mit besonderer Frömmigkeit und mittels der auf der Basis postösterlicher Glaubensenttäuschung gewachsenen Schriftzeugnisse das Reich Gottes herbeizwingen zu können. Die

mittlerweile zahllosen Datierungen der Wiederkunft Jesu, des großen Verderbens oder des Endgerichts geben ein beredtes Zeugnis davon, wie wenig diese angeblich unter göttlichem Mittlerschaftsstatus stehenden Heils- und Verdammnis-Prediger von wahrer geistlicher Bibelauslegung und theologisch verantwortungsvoller Hermeneutik verstanden haben. Meist tragen die sozialisierungsbedingten Ängste solch eschatologischer Naherwartungssekten dazu bei, in dem für sie typischen Schwarz-Weiß-Malen der Weltgeschichte der zugegeben bestehenden Gefahr des religiösen Relativismus und der Glaubensbeliebigkeit die geistige Engstirnigkeit und dogmatische Verschlossenheit entgegenzusetzen, mit der sie aber gerade das Gegenteil von dem erreichen, was sie eigentlich erreichen wollen, nämlich anstatt Sicherheit in allen Fragen des Lebens und Glaubens im Hier und im Heute, ein unter ständig neuen Erklärungsnöten und Legitimierungszwängen fortwährendes Hinauspredigen eschatologischer Versprechungen. Dabei treffen sie auf Gläubige, bei denen es sich vorzugsweise um einen konservativen Typus handelt, der vom Wissen über seine Geschichte abgeschnitten ist und entscheidend von seiner Angst vor dosiert verabreichten, apokalyptisch-eisegetischen Prophezeiungen geprägt wird. Zwar ist dieser einzelne Gläubige als ein Wesen in der Schar anderer Gläubiger unauffällig, aber da er nicht die Möglichkeit besitzt, innerhalb der Kirche seinen Abstand zu der Masse der anderen Gläubigen zu regulieren, befindet er sich in völliger Isolation. Die Masse aber ist jener Aggregatzustand der Menschen, von dem unter keinen Umständen eine Reflexion des Glaubens und der Erkenntnis ausgehen kann.

Hierzu gehörte das Leben in einer, mit charismatischer Ausschließlichkeit herbei beschworenen tagtäglich erhofften Wiederkunft Christi analog zur optimistischen Naherwartung des Urchristentums, das sich in der Bischoff- und Schmidt-Ära in ein trauriges Schattenreich gegenwärtigen Nichtlebens im Leben verwandelte und damit in ein "Paradigma der Sinnlosigkeit" abglitt.[95] Die Imagination christlicher Heilsversprechen durch das

[95] Vgl. Kirche und Wahrheit in: CiD vom 24.7.08 in: http://www.christ-im-dialog.de/documents/Kirche-und-Wahrheit-A5.pdf

praktisch zur ´Stellvertretung Gottes´ geweihte, heilsnotwendige Apostelamt als Voraussetzung an der Teilhabe göttlicher Gnade, soll eschatologische Gerechtigkeit evozieren. Theoretisch ist diese Frage nach der Theodizee Gottes nicht zu beantworten. Doch gibt es ein Zeichen und eine Wahrheit, die weiterführen kann: das Kreuz Christi.[96]

Die Verheißung Gottes, erfahrbar durch das Opfer seines Sohnes Jesu, ist eine Botschaft des Glaubens, der Gnade und der Liebe, nicht der Androhung von *Iustitia*. In einer extensiv verkündeten Naherwartung, verbunden mit Ordnungs- und Gerechtigkeitsregeln, drückt sich der grausame Gegenpol zur Liebe Gottes aus, denn *"Gerechtigkeit, auf das Wesentliche entkleidet, ist Terror."* (Walter Burkert)

In der Offenbarung des Johannes, wo dramatische Imagination nicht gescheut wird, gibt es keine Höllenstrafen für den Sterblichen. Für die frühen Christen gilt: Die Gelegenheit zu verpassen, ins Königreich Gottes zu gelangen, hielten sie für ein derart schmerzliches Übel, dass es ihnen nicht notwendig erschien, sich etwas auszumalen, was schlimmer sein könnte. Das änderte sich mit fortschreitender Institutionalisierung der Kirche und geschwächter Naherwartung.

Der bedeutende holländische Religionshistoriker Jan N. Bremmer weist darauf hin, dass der Katalog von Strafen in der "Paulus Apokalypse" zu einem großen Teil den Vergehen von christlichen Amtsträgern gilt. An deren Drohungen lässt sich ablesen, wie die Hölle als Disziplinierungsinstrument nicht nur für das äußere, sondern auch für das innere Regime der Kirche an Bedeutung gewann. Erst Luther wies auf die allumfassende Liebe und Gnade Gottes hin, denen sich die Gläubigen vertrauensvoll überlassen können. Noch sind die Reflexe der Kirche diesbezüglich unterentwickelt, es gibt aber progressive Ansätze.

Dem zurecht befürchteten und deshalb so vehement gebrandmarkten religiösen Relativismus entspricht in ihren Lagern nur

[96] Will Andrich †, NAK-BÄ, *"Die wahre Hinwendung zum Herrn duldet keine Stellvertretung"*, unter Bezug auf Jes.44,22 (Kehre dich zu mir, denn ich erlöse dich!)

ein willkürlicher Subjektivismus, bei dem sich die geistlichen Führerschaften mit ihren untheologischen Auffassungen, meist aufgrund der unkritischen Einfachheit ihrer Nachläufer, durchsetzen, ohne, in den Worten des ev. Theologen Andreas Rösslers, *"...nach den christlichen Glaubensquellen, der christlichen Überlieferung oder wenigstens nach den Erfahrungen und Argumenten der Mitchristen zu fragen. Da können die einen den Atheismus in ihr religiöses Denksystem einbauen, andere die Anthroposophie samt Reinkarnationslehre, wieder andere einen Naturalismus, bei dem die ‚Mutter Erde' an die Stelle Gottes tritt, und noch einmal andere einen völlig untheologischen Bibelfundamentalismus, der aus den apokalyptischen Texten der Bibel eine Chronologie der Weltgeschichte entwirft und die Wiederkunft Christi samt Ende der irdischen Welt in beständig naher Zukunft erwartet und deshalb auch meist kaum Veranlassung sieht, gegen gesellschaftliche Missstände anzukämpfen. [...] Vergessen wird dabei, dass sich die christliche Botschaft allein auf Gott bezieht, der als der Schöpfer alles menschliche Vorstellen und Begreifen sprengt. Deswegen ist jede Botschaft von Gott immer auch vorläufig.*
*Dies bedeutet keine grundsätzliche Relativierung der christlichen Glaubensüberzeugung, wohl aber ein ständiges Ringen um möglichst angemessenes Denken und Ausdrücken. Deshalb kann sich keine einzelne christliche Konfession oder Bekenntnisgemeinschaft und keine einzige theologische Position gegenüber der anderen für unfehlbar erklären: ‚Gott ist in jedem Fall größer und das Leben der Menschen wichtiger als aller Kirchenstreit um den richtigen Glauben'."*[97]
In dieser und in allen anderen Fragen theologischer Erklärungsnot geht es wohlgemerkt nicht darum, im ökumenischen Dialog vorschreiben zu wollen, was Glaubensrichtungen zu glauben haben, sondern es geht darum, die theologischen Grundlagen des jeweiligen Lehr- und Glaubensgebäudes unter dem wahrheitsbrechenden Licht gegenseitiger Erfahrungen und Erkenntnisse im

---

[97] Vgl. mit dem ev. Theologen Heinz Zahrnt, Wozu ist das Christentum gut?, 1972, S. 186

gemeinsamen Dialog untersuchen zu dürfen, um in christlicher Liebe gegebenenfalls auf Irrtümer, Unschlüssigkeiten oder andere Implausibilitäten hinweisen zu können.
Originalton Richard Fehr in seiner Begründung der neuen Lehre zur Ersten Auferstehung: *"Wer's nicht glaubt, möge in der Bibel nachschauen..."*
Missverstandene Naherwartung, die herkunfts- wie vermittlungsbedingt keine innere Wandlung mehr zeitigen kann, die gebetsmühlenhaft ritualisiert wurde und sich in diesem jahrzehntelangen, gespenstisch gleich bleibenden Gewohnheitsprozess von jeglichem vernünftigen Denken entfernt hat, deren Zweckhaftigkeit damit dem Lernen eines Schülers gleicht, der nur für die Prüfung und nicht fürs Leben lernt, um dann doch durch die Prüfungen zu fallen, gerade weil sein Lernansatz keine Vergeistigung des Lehrstoffes zum Inhalt hatte – solch eine Naherwartung hat ihren christlichen, menschlichen, vor allem aber ihren göttlichen Zweck verfehlt. Sie führt nicht in das Heil in Gott, sondern nur in die Abhängigkeit der jeweiligen Gemeinschaft. Ihr Ziel ist nicht primär die innere Wandlung hin zur jesuanisch geforderten Reich-Gottes-Fähigkeit, sondern die schläfrig machende Sicherheit eines Dabeiseins, bei dem das ´Warum´, ´Wozu´ und vor allem das ´Wie´ schon durch die blinde Nachfolge abgedeckt ist.
Der wohl eher sarkastischen Aussage, die "Kirche" Christi, die Arche Noah des neuen Bundes, die Neuapostolische Kirche kann nicht untergehen, auch in den letzten stürmischen Tagen nicht, denn sie wird fest von so vielen Nieten zusammengehalten, die von keinerlei Denken oder Erkenntnis erschüttert oder bewegt werden können, kann man sich gleichwohl nicht anschließen.

## 12. Gotteskindschaft aus Wassertaufe oder Geisttaufe?

Bei der Verknüpfung von Wassertaufe und Geisttaufe handelt es sich um einen Prozess von sehr großer ökumenischer Bedeutung, schreibt Klaus Berger.[98] Verschiedene Tauftypen werden gegen-

[98] Klaus Berger, Theologiegeschichte des Urchristentums, 1994, S. 123ff

seitig anerkannt, und damit wird das Christsein der Anderen respektiert. Praktisch vollzieht sich diese Anerkennung durch eine Akkumulation von Riten bzw. Motiven. Zur Zeit des Neuen Testaments war aber der Prozess der Verknüpfung noch nicht allgemein, vor allem nicht einheitlich vollzogen.

In den verschiedenen christlichen Konfessionen basiert die Taufe auf derselben Grundlage. Im theologischen Verständnis, die Taufe, die Empfangnahme des Hl. Geistes und die Gotteskindschaft betreffend, sind sie jedoch nicht einig. Dies führte unter anderem zu verschiedenen Ausführungsformen, Vorbedingungen und Annahmen der Folgen der Taufe, die den alten Bund durch den neuen Bund ablöst.

Andreas Fincke (EZW) hat in der Vergangenheit wohlwollend über diese Veränderungen und Öffnung seitens der NAK gesprochen und geschrieben. Er merkte positiv an, dass durch die Korrektur des Taufverständnisses eine Annäherung an die großen Kirchen stattgefunden habe. Ist dies aber tatsächlich so? Man könnte meinen, nein. Von einer Annäherung der NAK im Sinne einer *Hermeneutik der Heiligen Wassertaufe* an das Glaubensverständnis anderer christlicher Konfessionen kann bei näherer Betrachtung keine Rede sein.

Auf dieses Taufverständnis muss man aufgrund der vorliegenden Äußerungen der Kirchenleitung nochmals das Augenmerk legen und auf die Auseinandersetzung mit den Veränderungen, die der Uster-Abend gebracht hat, verweisen.[99]

In Finckes Äußerung zum erweiterten Taufverständnis der NAK wird vielmehr der bedeutende Unterschied ihres Taufverständnisses zum Taufverständnis der großen Kirchen deutlich und untermauert unausgesprochen die Exklusivität der NAK.

Die Aussage, dass es ohne Versiegelung durch neuapostolische Apostel keine Gotteskindschaft gibt, ist implizit Bestandteil und Essential der neuapostolischen Lehre, womit die Taufe zu einer Bekenntnistaufe wird. Die Lehre Jesu ist aber, wie erwähnt, keine Gesetzeslehre. Jesus hat eine Erlösungslehre gelebt und verkün-

---

[99] Vgl. Dokument ad-079 "Lehränderung zur Taufe und Versiegelung in der NAK – Eine Analyse" bei adfontes.de

det. Ist also der Verzicht auf Exklusivität angstbesetzt, wie ich vorlaufend fragte? Ist es die Angst vor der Frage, was viele Gläubige dann noch in einer Kirche halten würde, die sie dann vielleicht nicht mehr für den **allein richtigen Weg** zu Gott hält? Im Verständnis der NAK kommt die Gotteskindschaft erst durch das Sakrament der Heiligen Versiegelung zustande, das nur durch einen neuapostolischen Apostel vollzogen werden kann. In letzter Konsequenz bedeutet dies noch immer, dass außerhalb der NAK "Kirche" nicht vorhanden ist, da die NAK den anderen christlichen Kirchenabteilungen abspricht, Gottes Kinder zu sein. Diese Definition erlaubt nicht, davon zu sprechen, dass die NAK die Taufe der anderen christlichen Kirchenabteilungen anerkennt.

Mit der Veröffentlichung einer Verlautbarung unter dem Titel "Wie exklusiv ist die NAK?"[100], reagierte Stammapostel Leber auf einen Kommentar von Andreas Fincke (EZW) unter der Überschrift "Das Apostelamt: Hilfreich, heilsnotwendig oder herrisch?"[101]

*"Unter dem Titel werden Zusammenhänge beleuchtet, die so nicht unwidersprochen bleiben sollen"*, erklärte Wilhelm Leber. Ihm erscheint es angebracht, noch einmal die Position der Neuapostolischen Kirche darzulegen, heißt es in seiner Gegenrede.[102] Als Grundlage der Erwiderung gelten die Ausführungen des 1. Informationsabends von Uster.[103] Dazu zählt das revidierte **Taufverständnis** der Neuapostolischen Kirche, nach der künftig Taufen, die in anderen christlichen Kirchen trinitarisch vollzogen wurden, vollgültig anerkannt werden. Damit änderte die Neuapostolische Kirche das bisherige Taufverständnis, wonach *nicht neuapostolische Taufen* einer Apostelbestätigung bedurften.

---

[100] Offizielle Verlautbarung der NAK auf der Homepage nak.org als Reaktion auf einen Artikel im Materialdienst der Evangelischen Zentralstelle für Weltanschauungsfragen (EZW) vom 13. 6. 2007 online (nak.org)

[101] http://www.christ-im-dialog.de/index2.php?option=com_content&do_pdf=1&id=227 vom 31. 5.2007

[102] nak.org vom 13.6. 2007

[103] 1. Informationsabend der NAKI zum geänderten Lehrverständnis zur Taufe u. zur Exklusivität der NAK vom 24.1.2006

Weiterhin wurde die Frage einer Exklusivität der Neuapostolischen Kirche präzisiert.
In seiner Äußerung wird der Unterschied des Taufverständnisses der NAK zum Taufverständnis der großen Kirchen jedoch sehr deutlich: *"Nach unserer Erkenntnis sieht die göttliche Ordnung für die Wiederkunft Christi das Kindschaftsverhältnis vor. Dieses wird durch die Heilige Versiegelung erlangt. Die Spendung der Heiligen Versiegelung ist dem Apostelamt übertragen."*[104]
Dieses Zitat gibt selbstständig Antwort auf die Überschrift der Verlautbarung "Wie exklusiv ist die NAK?"
Zudem ist die Frage angebracht, ob der Stammapostel die Bibel in ihrem Kontext exegesiert. Von welcher ´Erkenntnis´ spricht er? Im Brief des Apostels Paulus an die Römer steht mit großer Eindeutigkeit: *"Denn welche der Geist Gottes treibt, die sind Gottes Kinder."* (Röm.8,14)
Schon Jesus kannte in Bezug auf Kinder keine Vorbedingungen: *"Wer ein Kind aufnimmt in meinem Namen, der nimmt mich auf."* (Matth.18,5; Mark.9,37; Luk.9,48) *"Wie viele ihn aber aufnahmen, denen gab er Macht, Gottes Kinder zu werden, die an seinen Namen glauben."* (Joh.1,12; Gal.3,26.,27; Röm.8,14-16) *"Wir wissen aber, dass denen, die Gott lieben, alle Dinge zum Besten dienen."* (Röm.8,28)
Konkrete Nachfragen der Gläubigen nach der Gotteskindschaft werden mit lakonischen Hinweisen wie: "Das ist nun mal Gottes Wille", oder prätentiösen Gegenfragen wie "gibt es Probleme mit dem Glauben?", beantwortet. Fragen nach dem diesbezüglichen biblischen Anhalt bleiben ohne Antwort.
Dagegen bekräftigte die Kirche 2004 erneut, dass *"die Bibel als religiöse Grundlage der Lehre der Neuapostolischen Kirche anerkannt und gewertet wird. Normsetzend sind vor allem die Aussagen des Neuen Testaments, besonders die Worte Jesu und die Apostelbriefe. Aussagen über einzelne Bibelbücher oder Bibelstellen, aber* ***auch die Aussagen der heute lehrenden Apostel***

---

[104] Offizielle Verlautbarung der NAK auf der Homepage nak.org als Reaktion auf einen Artikel im Materialdienst der Evangelischen Zentralstelle für Weltanschauungsfragen (EZW) vom 13.6.2007 online

***und Amtsträger der Kirche müssen in der Heiligen Schrift einen konkreten Anhalt haben.*** *Die Lehre und ihre Verkündigung dürfen nicht im Widerspruch zu den Aussagen in der Heiligen Schrift stehen."*[105] (Hervorhebung des Verf.)

Ist dieses Beispiel offensichtlicher Widersprüche nicht explizit geeignet, den Mut zu Nachfragen der gläubigen Mitglieder herauszufordern? Diese Definitionen erlauben nicht, davon zu sprechen, dass die NAK die Taufe der anderen christlichen Kirchenabteilungen anerkennt.

Wir haben es hier mit unterschiedlichen geistlichen Vorstellungen über den Taufvorgang zu tun. Für die großen Kirchen ist die Heilige Taufe das Sakrament, durch das neues Leben aus Gott geschaffen wird und der Mensch seine Wiedergeburt erfährt. Diese Lehre ist Apostolische Lehre und folgt den Ausführungen des Apostels Paulus, die er an die Römer im 6. Kapitel macht. Die NAK hingegen sieht die Wiedergeburt erst durch die Heilige Versiegelung vollzogen. Eine vollgültige Wiedergeburt ins neue geistliche Leben (Eingliederung in den Leib Christi, der Ekklesia) durch die Taufe wird von der NAK abgelehnt.

Die Verständnisunterschiede sind so erheblich, dass nicht davon die Rede sein kann, dass die NAK die Taufe der anderen christlichen Kirchenabteilungen in ihrem geistlichen Sinn anerkennt. Die scheinbare Anerkennung muss durch folgende Fragen beleuchtet werden: Wenn die NAK die Taufen der anderen Kirchenabteilungen offiziell anerkennt, ist damit nicht eine Korrektur ihres eigenen Tauf- und Kirchenverständnisses notwendig? Erkennt die NAK Getaufte anderer Kirchen vollgültig als Gotteskinder an, oder nur soweit, wie es die eigene Definition zulässt? Denn genau dies beinhaltet die Taufe anderer christlichen Kirchen.[106] Diese Fragen werden von der Kirchenleitung nicht kommuniziert.

Wie ist dann die Textstelle in der Hl. Schrift in Johannes 3,5 zu verstehen: *"Jesus antwortete: Wahrlich, wahrlich, ich sage dir, es sei denn, dass jemand geboren werde aus Wasser und Geist,*

---

[105] NAKI-Bezirksapostelversammlung in Nizza vom 22.-24. 2009

[106] Vgl. Apostelgeschichte 2,38

*so kann er nicht in das Reich Gottes kommen."* Oder 1.Johannes 5,6: *"Dieser ist's, der gekommen ist durch Wasser und Blut, Jesus Christus; nicht im Wasser allein, sondern im Wasser und im Blut; und der Geist ist's, der das bezeugt, denn der Geist ist die Wahrheit."*

Wenn man in der Bibel nach Textstellen sucht, die mit Wasser und Geist zu tun haben, findet man neben den beiden o.g. noch weitere. Bestätigen sie nicht, dass Wassertaufe und Geisttaufe (Versiegelung) untrennbar zusammen gehören? Gilt nicht auch der Text aus Markus 16,16: ***"Wer da glaubt und getauft wird, der wird selig werden"?***

Manche Kirchen verstehen die Taufe als einen Ritus, welcher die Reinigung von der Erbsünde, die Eingliederung in den gestorbenen und auferstandenen Christus sowie die Neugeburt zur Gotteskindschaft bezeichnet und bewirkt. Andere sehen in ihr eher eine symbolträchtige Handlung, die die genannten Vorgänge nicht bewirkt, sondern lediglich bezeichnet. Nach Martin Luther ist die Taufe ein Bund mit Gott. Kinder Gottes sind danach alle Menschen, die auf den Namen Jesus Christus getauft sind. In Hes.36,26.,27 lesen wir: *"Und ich werde euch ein neues Herz geben und einen neuen Geist in euer Inneres geben. Und ich werde meinen Geist in euer Inneres geben; und ich werde machen, dass ihr in meinen Ordnungen lebt".* Die Gabe des Hl. Geistes und die Erneuerung durch den Geist setzt also Sündenerkenntnis und Sündenbekenntnis voraus (Ps.51,4.,12.,13; Apg.2,38). Diese Reihenfolge beachtete auch Johannes der Täufer. Er bestätigt, dass alles Heil und alle Erneuerung an Jesus, den "Geisttäufer", gebunden ist (Hebr.9,14; Joh.16,7). *"Er wird euch mit Heiligem Geist taufen."* Erfüllt hat sich diese Prophetie beim ersten Pfingstfest (Apg.1,4.,5.,8; 2,1-4; 1.Kor.12,13).

Und wie wird man mit dem Hl. Geist getauft?

Das Jesus gemäße Leben ist am Tag unserer Geburt nicht mitgeboren worden. So wie menschliches Leben nur auf menschlich natürlichem Weg gezeugt und geboren werden kann, so wird auch das geistliche Leben allein auf göttliche und übernatürliche Weise gezeugt und geboren (Joh.1,12.,13). Diese Aufgabe übernimmt der Hl. Geist (Joh.3,5-8).

Echtes Christenleben entsteht und wächst nicht durch eigenes Tun, sondern durch die Wirksamkeit des Hl. Geistes, und zwar in dem Augenblick, in dem wir uns dem Geisttäufer Jesus Christus anvertrauen (Apg.1,5.,8; Gal.3,2., 14;5,22; Eph.1,13., 14;3,16.,17;4,30).

In Apg.16,30 fragt der Gefängnisaufseher, was er tun muss, um gerettet zu werden. Paulus und Silas sprechen in Apg.16,31: *"Glaube an den Herrn Jesus, und du wirst errettet werden, du und dein Haus."*

Beide nennen keine weitere Bedingung, die für die Errettung notwendig wäre. Heilsnotwendig ist allein der Glaube (das ganze Vertrauen) an Jesus Christus. In Markus 16,16 wird gesagt, dass verdammt wird, wer nicht glaubt. Wieder ist es der Glaube, der letztlich entscheidet, denn sonst hätte ja dort stehen müssen, dass verdammt wird, wer nicht getauft ist. In Lukas 23,43 bezeugt Jesus dem Schächer am Kreuz, dass er mit Jesus im Paradies sein wird, obwohl der Schächer nicht getauft war. Hier sollte man erkennen, dass der Mensch gerettet ist, dem Jesus dies zuspricht. Wird man nicht ein Kind Gottes, wenn man an den Sohn Gottes, Jesus, glaubt (vgl. Joh.3,3;3,5;3,7; 1.Joh.5,1) und sich seiner erlösenden Gnade anvertraut? Oder irrt hier die Hl. Schrift?

Zu Pfingsten, dem Tag, an dem die Kirche des Neuen Testaments ins Leben gerufen wurde, predigt Apostel Petrus den vielen Zuhörern kraftvoll überzeugend. 3000 Menschen ließen sich taufen. Seine Anweisung lautete, *"Tut Buße **und lasse sich** ein jeglicher **taufen** auf den Namen Jesu Christi zur Vergebung der Sünden, **so werdet ihr empfangen die Gabe des Heiligen*** Geistes" (Apg.2,38). (Hervorhebung des Verf.)

Charismatisch-christliche Kirchen betonen neben der sichtbaren, äußeren Taufhandlung besonders die Taufe durch den Hl. Geist. Nichtcharismatische Kirchen sehen in der Taufe durch den Hl. Geist eher eine innere Wandlung als eine nach außen sichtbare Veränderung. Die Mitwirkung des Hl. Geistes bei der Wassertaufe wird dabei nicht infrage gestellt. Die Neuapostolische Kirche kennt dafür das Sakrament der Versiegelung. Dabei handelt es sich um ein Alleinstellungsmerkmal.

Der Vollzug der Taufe in der kath. Kirche bezeichnet die sicht- und erlebbare *Schwelle* zwischen dem alten Sein des Menschen in der Sünde und dem neuen Sein seines Lebens in Christus. Mit ihr erhält der Getaufte Anteil an Christi Auferstehung (vgl. Röm. 6). Gleichzeitig wird er Teil des Leibes Christi durch die Taufe im Hl. Geist (1.Kor.12,13). Die Taufe ist hier der Ausdruck des göttlichen Versöhnungshandelns durch Kreuz und Auferstehung Christi. Der Glaube muss zum Erlangen des Heils dazu kommen. Als Geschehen im Hl. Geist macht sie ihn der **Gotteskindschaft** teilhaftig.
Die Firmung, (*lat.: confirmatio*, Bestätigung, Bekräftigung) ist eines der sieben Sakramente der römisch-katholischen, der altkatholischen, und der orthodoxen Kirche (dort griech. *myron* Salbung genannt) und eine sakramentale Handlung (*Sakramentalie*) in der anglikanischen Kirche. In der kath. Kirche ist sie die "Vollendung der Taufe" und bildet zusammen mit der Taufe und der Eucharistie (Erstkommunion) die "drei Sakramente der christlichen Initiation". Die Firmung ist das Sakrament, das den Hl. Geist verleiht, um tiefer in der Gotteskindschaft zu verwurzeln, fester in Christus einzugliedern, die Verbindung mit der Kirche zu stärken, mehr an ihrer Sendung zu beteiligen und zu helfen, in Wort und Tat für den christlichen Glauben Zeugnis zu geben. Wie die Taufe prägt auch die Firmung der Seele des Christen ein geistliches Zeichen, ein unauslöschliches Siegel ein, weshalb man dieses Sakrament nur einmal empfangen kann.[107] Damit steht sie der ev. Konfirmation nahe.[108]
Prima facie hat es den Anschein, die Firmung sei näher an der NAK-Versiegelung als an der NAK-Konfirmation. Tatsächlich hat sie mit der neuapostolischen Versiegelung keine inhaltlichen Gemeinsamkeiten. Die Firmung wäre zudem tautologisch, wenn sie etwas vermitteln wollte, was ohnehin schon vollumfänglich vorhanden ist. Der entscheidende Unterschied zwischen beiden

---

[107] Katechismus der katholischen Kirche
[108] Vgl. http://www.evangelisch-lutherische-kirche.de/index.php?option=com_content&view=article&id=816:11-der-konfirmationsgottesdienst&catid=56:2008-der-gottesdienst&Itemid=40

Handlungen ist, dass der Firmling durch die Taufe längst im Besitz der Gabe des Hl. Geistes (und damit ein Gotteskind) ist, während der zur Versiegelung Kommende durch diese Handlung *erstmals* die Gabe des Hl. Geistes gespendet (und die Gotteskindschaft zuerkannt) erhält.

Die Eigenständigkeit einer Firmung wird von ihren Befürwortern biblisch vor allem mit Stellen aus der Apostelgeschichte begründet. So predigte und taufte ein gewisser Diakon Philippus in Samaria. *"Als aber die Apostel [...] hörten, dass Samaria das Wort Gottes angenommen habe, sandten sie den Petrus und den Johannes zu ihnen. Diese zogen hinab und beteten für sie, dass sie den Heiligen Geist empfangen möchten. Denn er war noch über keinen von ihnen gekommen, sondern sie waren nur getauft auf den Namen des Herrn Jesus. Da legten sie ihnen die Hände auf und sie empfingen den Heiligen Geist."* (Apg.8,15)

Nach dem Verständnis firmender Kirchen spendet Paulus auch in der Erzählung (Apg.19,5ff) die Firmung: *"Da sie dies hörten, ließen sie sich taufen auf den Namen des Herrn Jesus. Und als Paulus ihnen die Hände auflegte, kam der Heilige Geist auf sie und sie redeten in Zungen und Sprachen prophetisch. Es waren im ganzen ungefähr zwölf Männer."*

Hier wird erkennbar, dass dieselbe Verheißung wirksam ist, die den Aposteln an Pfingsten gegeben wurde. In der kath. Kirche gilt der Firmritus *"Sei besiegelt durch die Gabe Gottes, den Heiligen Geist"* seit 1971. Allenfalls im Ursprung ist die neuapostolische Versiegelung mit der Firmung verwandt, die als Sakrament auch in weiteren apostolischen Kirchen existiert. Vielleicht kann dieser Vergleich verdeutlichen, dass die von der Neuapostolischen Kirche mit Alleinbesitz beanspruchte Gotteskindschaft ebenso differenziert gesehen werden darf, wie die Bedeutung der Wassertaufe[109], deren Anerkennung durch die NAK aus theologischer Unkenntnis geschieht und Lehr-Folgen haben sollte.

---

[109] Vgl. zu 1.Kor.12,13 die Stelle Gal.3,27-28; und Kol.3,11. Dazu sollte man wissen, dass die dto. gern angeführte Stelle in Apg.8,15 bekanntlich einen Sonderfall darstellt, da in Samarien andere Umstände vorlagen.

Am 22. August 2004 führte Stammapostel Richard Fehr in Alsdorf (NRW) einen Gottesdienst durch. Im Rahmen seiner Predigt führte er die Bibelstelle Römer 8,14 an. Dort heißt es: "***Denn welche der Geist Gottes treibt, die sind Gottes Kinder***."
So einfach macht es sich das neuapostolische Verständnis normalerweise nicht. Eine allgemeine Gotteskindschaft kennt die Neuapostolische Kirche nicht, für sie ist das ein besonderer Kreis, zu dem sich nur die zählen dürfen, die mit Wasser getauft und durch einen kircheneigenen Apostel versiegelt wurden. Wörtlich sagte Fehr: "*Nun schreibt Paulus den Römern: 'Welche der Geist Gottes treibt, das sind Gotteskinder.' Eine schöne Feststellung des alten Apostels. Dabei möchte ich die Frage stellen: Wer oder was hat uns denn heute Morgen getrieben zum Altar zu kommen, ins Haus des Herrn, um neu Gemeinschaft zu haben mit den Boten Gottes, die Kraft aus dem Wort zu nehmen, aus den Sakramenten, aus der Gnade? Es ist der Geist Gottes, der uns dazu getrieben hat und die sind Gotteskinder, sagt der alte Apostel [...] Paulus sagt sogar: 'Gottes Geist gibt Zeugnis unserem Geist, dass wir seine Kinder sind.' Soweit geht das sogar, dass der Geist Gottes unserem menschlichen Geist Zeugnis geben kann: Wir sind wirklich seine Kinder! Nicht nur phasenweise glauben und dann vielleicht wieder in Zweifel ziehen, sondern mit Überzeugung wissen: Weil Gottes Geist unserem Geist Zeugnis gibt, wissen wir, wir sind seine Kinder."*
Der Pressesprecher der Neuapostolischen Kirche International (NAKI), Peter Johanning, trat aufkommenden Spekulationen sogleich entgegen, der Stammapostel habe mit dieser Erwähnung eine Tür zu einem nicht-exklusiven Verständnis der Gotteskindschaft geöffnet. Es gelte unverändert die Definition des Katechismus "Fragen und Antworten" (Nr. 218) worin festgelegt ist: *"Die Heilige Versiegelung ist die Spendung des Heiligen Geistes und damit wesentlicher Teil der Wiedergeburt [...] Durch sie wird ein Mensch zu einem Kind Gottes mit dem Anrecht auf das Erbe Christi."* Die von Stammapostel Fehr angeführte Bibelstelle Römer 8,14 gehe *"nicht darauf ein, wie jemand ein Gotteskind"* werde, sondern *"welche Eigenschaft ein Gotteskind haben"* solle: es solle *"sich vom Geist Gottes treiben lassen."* Dies erinnert die

neuapostolischen Gläubigen *"immer wieder daran, dass sie ihre Erwählung zum Gotteskind 'festmachen' müssen, sich also vom Geist Gottes treiben lassen müssen."*
Ist das, was hier als "Geist Gottes" beschrieben wird, nicht eher das geistige Erbe Bischoffs? In der Neuapostolischen Kirche wird weiter gelten: *"Eines Tages* (sic) *haben wir den Wunsch geäußert, zum Volk Gottes gezählt zu werden. Wir wollten der Gemeinde angehören, in der sich Gott durch seine Apostel offenbart. Warum haben wir das getan? Weil wir auf das Ende, weil wir auf den Lohn blickten."* Damit wird im Grunde deutlich, auf welcher Grundlage die neuapostolische Gotteskindschaft nach wie vor steht: Auf der Botschaft des Stammapostels J. G. Bischoff.[110]
Bei Johannes liegt eine andere Konzeption vor. Das "Johanneische Pfingsten" lehnt eine exklusive Deutung auf die Apostel ab. Für Johannes ist der Gekreuzigte der Erhöhte. In Jesu Sterben hat sich die Liebe Gottes zu den Menschen erfüllt. Hartwig Thyen zeigt in seinem Kommentar, dass Joh.20,22f sich dann in seinem vollen Sinngehalt erschließt, wenn man die gesamte Bibel und die Bedeutung der göttlichen Erlösung vor Augen hat. Er bemerkt zur Stelle: *"Gewiss nicht absichtslos versetzt der mit der Gabe des Hl. Geistes verbundene Hauch Jesu die Hörer/Leser dieser Erzählung in die Atmosphäre der Genesis, wo Gott dem aus Erde geformten Adam seinen Lebensodem einhauchte, so dass er zu einem lebendigen Wesen wurde* (Gen.2,7). *Wir haben hier also den Anfang der neuen Schöpfung vor Augen. Gerade darum halten wir es [...] auch für wenig wahrscheinlich, dass die Gabe des Geistes und der "Schlüsselgewalt"* (vgl. Matth.16,18f; 18,18) *als Verleihung eines besonderen Amtscharismas an einen entsprechend begrenzten Kreis von Jüngern verstanden werden darf."*[111]
In gleicher Weise urteilt auch sein katholischer Kollege Schnackenburg[112], der die Verse als "johanneisches Pfingsten" versteht

---

[110] Vgl. "Unsere Familie" vom 5. 4. 2008
[111] Hartwig Thyen, Das Johannesevangelium, 2005, S. 747
[112] Rudolf Schnackenburg, Das Johannesevangelium Bd. 3, 1975, S.385ff

und eine exklusive Deutung auf die Apostel ausdrücklich ablehnt. Sie hat auch im Text keinerlei Anhalt. Wie sieht nun die Taufe bei Paulus aus?
Es ist ein offenes Problem, schreibt Berger, wie Paulus das Verhältnis zwischen der anfänglichen Geistverleihung und der Taufe auf Jesus angesehen hat. Das Problem entsteht dadurch, dass die Aussagen in Gal.3,2f (*"ihr habt den Geist empfangen...im Geist begonnen"*) und Gal.3,28 (*"Die ihr auf Christus getauft seid..."*) nicht einfach identisch sind.[113] Aus Römer 6 wird deutlich, dass Paulus wenigstens für seine Adressaten mit einer Taufe auf Jesus rechnet, bei der von Geistempfang keine Rede ist, welcher dort im Übrigen auch keinen Platz hat.
Dennoch spricht Paulus in Römer 7 dann vom Geist als der Grundausstattung der Christen. Die Antwort auf diese Fragen kann nur sein: Geistempfang am Anfang und Taufe auf den Namen Jesu sind zwei verschiedene Akte. Das heißt: Es gab zwei Akte, die man beide als Taufe bezeichnen konnte.[114] Paulus deutet in Römer 6 das Übereignetwerden an den Namen Jesu im Sinne zweier für ihn typischer Ansätze:
a) als Tod im Sinne des Soldes der Sünde und
b) im Sinne seiner Kreuzestheologie.
So wird innerhalb des Lebens Freiheit von der Sünde und zugleich Schutz vor dem erneuten Sündigen geboten. Erst durch dieses neue Leben ist die Möglichkeit der Auferstehung geboten. Im Unterschied zur Johannestaufe geht es daher nicht um Sündenvergebung, sondern um Beseitigung der Sündenfolge, den Tod. Nicht die Umkehr, sondern die Trennung, nicht die Einzeltaufe im Lehrer/Schüler-Verhältnis, sondern die Schicksalsgemeinschaft mit dem Messias ist hier das Thema.[115]
Der christliche Glaube ist eine Religion der Freiheit. *"Zur Freiheit hat Christus euch frei gemacht. So steht nun fest und lasst euch nicht wieder unter das Joch der Knechtschaft spannen."* (Gal.5,1) Untersucht man das Ergebnis der Frage, ob die neu-

[113] Klaus Berger, Theologiegeschichte des Urchristentums, 1994, S.117f
[114] Ebd. S. 118
[115] Ebd. S. 120

apostolische Glaubenslehre diesen Text "neuapostolisiert" hat, so stößt man auf neue Unterscheidungsmerkmale zum paulinischen Leib Christi.
Was hat man sich unter dem Begriff der "Knechtschaft" vorzustellen? Paulus gründete damals Gemeinden aus Angehörigen verschiedener Volksgruppen und religiöser Traditionen, Juden, Griechen und Römer. Unter einem gemeinsamen Dach waren sie die Gemeinde Christi. Hier sollten die verschiedensten Kulturen, Vorschriften und Unterscheidungsmerkmale wie Festtage, Speisevorschriften, Beschneidungen etc. keine ausgrenzende Rolle mehr spielen. Heilbedeutsam sollte nur der christliche Glaube, konkret die Nächstenliebe sein. Er nannte es die *neue Kreatur in Christus*. Nur Glaube und Liebe sollten hier tätig sein. Die alte Regel der Identität durch Abgrenzung war aufgehoben. So ist auch Pfingsten die Hoffnung der Welt: Ein Leib sein können trotz unterschiedlicher Sprachen und Kulturen, Gefühlen und Ansichten, alles ruhend auf einem Gesetz, dem Gebot der Nächstenliebe, so wie es Jesus vorgelebt hat.
Die Neuapostolische Kirche hat nun an die Stelle der Unterschiedslosigkeit paulinischer Gemeinden die Heilsnotwendigkeit des neuapostolischen Apostulats gesetzt und damit, wie zuvor andere, den paulinischen Weg der Einheit verlassen. Nach ihren Verlautbarungen leben nur die anderen (Christen) im Stand der Knechtschaft, die nicht unter die Segnungen des NAK-Apostulats kommen. Gotteskind ist nunmehr nicht länger der, der Christus in seinem Gebot der Nächstenliebe nachfolgt, sondern der, der die vorgenannte und selbst aufgestellte Bedingung erfüllt. Eine ernsthafte Auseinandersetzung mit Glaubensinhalten kann aber nur auf Grundlage der Hl. Schrift geführt werden, weil diese Offenbarung Gottes für jeden wiedergeborenen Christen der einzige Maßstab sein kann, um nicht menschlichen Interpretationen der Bibel anheim zu fallen.
Ist der zu dieser ernsthaften Auseinandersetzung bereite, eigenverantwortliche und mündige Christ ein unbequemes Kirchenmitglied? Betrachtet die Kirche diese Form der Demokratisierung als Gefahr? Von einer Demokratisierung der Kirche als Gefahr zu sprechen, würde Unkenntnis der urchristlichen Verfassung der

Kirche verraten. Nach ihr hat ein jeder Christ seine Geistesgaben (Charismata), die er zum Wohle der ganzen Kirche bekommen hat.

Die Zuordnung aller dieser Gaben in brüderlicher Gleichheit und gemeinsamer Dienstgesinnung unter der Leitung des Hl. Geistes ist das Lebensprinzip der Kirche, die Paulus als den mystischen Leib Christi bezeichnet. *"Denn wie der Leib eine Einheit ist, doch viele Glieder hat, alle Glieder des Leibes aber, obgleich es viele sind, einen einzigen Leib bilden: so ist es auch mit Christus"*, schreibt er im 1.Korintherbrief (12,12-24). Anschaulich illustriert er die Gleichwertigkeit aller Glieder: *"Das Auge kann nicht zur Hand sagen: Ich bin nicht auf dich angewiesen. Der Kopf kann nicht zu den Füßen sagen: Ich brauche euch nicht. Im Gegenteil: Gerade die schwächer scheinenden Glieder des Leibes sind unentbehrlich."*

Die Gesellschaft der Geistgetauften ist eine egalitäre Gesellschaft, in der die Autorität nicht auf Macht, Rang und Titel, sondern auf gegenseitiger Liebe und gegenseitigem Respekt gründet. Das Bewusstsein der objektiven Gleichwertigkeit vor Gott baut den Neid und das Konkurrenzdenken in der Gesellschaft ab, da vor Gott ein jeder Mensch, gleich welches Amt er bekleidet, gleichwertig und gleich wichtig ist. Die mündigen Christen haben dafür zu sorgen, dass diese Wahrheit des Christentums nicht nur verbale Beteuerung bleibt, sondern auch im Alltag vollzogen wird. Kein größerer Respekt dem Staatspräsidenten, Bischof, Vorsteher oder Apostel als dem Müllarbeiter! Kein kleinerer Respekt dem Müllarbeiter als dem Staatspräsidenten, Bischof oder Apostel!

Die mündige Kirche ist das Todesurteil der Hochmutsideologie, der Herrschaft und einer jeglichen Hierarchie, die nicht Zuordnung, sondern Unter- und Überordnung haben möchte. Deshalb ist es verständlich, dass eine noch sehr stark auf Herrschaft ausgerichtete Kirche sich vehement gegen jeden Versuch wehrt, die Christus-Kirche nicht nur auf dem Papier feierlicher Erklärungen, sondern auch im Alltag verwirklichen zu wollen.

Die Wiedergeburt ist die Feier der Christwerdung. Ein Geschenk Gottes an die Menschen (nicht nur an die Neuapostolische Kir-

che). Sie ist ein im Menschen unsichtbarer, geistlicher, übernatürlicher Vorgang, durch den man zu einem Kind Gottes wird. Eine unabdingbare Voraussetzung, in Gottes Reich zu kommen. *"Wahrlich, wahrlich, ich sage dir: Es sei denn, dass jemand geboren werde aus* **Wasser und Geist**, *so kann er nicht in das Reich Gottes kommen."* (Joh.3,5) Mit der Lebensübergabe ist das Alte vergangen und etwas ganz Neues ist geworden (2.Kor.5,17). Es ist eine Kehrtwendung im Geist von Altem zu Neuem.
Das Licht der Wahrheit erleuchtet jetzt des Menschen Geist. Wenn vorher die Bibel ein ′Märchenbuch′ war, weil sie nicht verstanden wurde, so beginnt es jetzt in uns zu leuchten. Wir erkennen, dass die Bibel Gottes Wort ist und Gottes Wort ist die Wahrheit. Eine Wahrheit, die uns freimacht von den weltüblichen Meinungen und Auffassungen. Wir erkennen und wissen jetzt, dass wir auf dem richtigen Wege sind, denn Jesus sagt: Ich bin der Weg, die Wahrheit und das Leben.

## 13. Heilige Wassertaufe und die ACK

Mit Schreiben vom 10. Januar 2008 reagierte Stammapostel Leber mit einem Schreiben an den ehemaligen niederländischen NAK-Apostel Gerrit Sepers, nachdem der sich am 27. Dezember 2007 in einem Offenen Brief bezüglich des NAK-Informationsabends vom 4.12. 2007 zu Wort meldete. Dieser Brief enthält 11 Punkte der Widerrede gegen die Darstellungen von Gerrit Sepers. Der schreibt: *"Wichtig ist mir jedoch herauszustellen, dass die Liebe zur gesamten Kirche Christi, wie sie die Apostel der katholisch-apostolischen Gemeinden gelebt haben, den NAK-Aposteln abhanden gekommen ist. Gerade dies ist jedoch ein Zeichen des Apostolats."*[116]
Stammapostel Leber antwortet in seinem Brief:
*"Dann äußerst du dich zu unserem Selbstbild. Da kommt wieder der Vorwurf des Exklusivitätsanspruchs. Ich möchte noch einmal*

[116] Brief vom vormaligen NL-Apostel Gerrit Sepers an Stammapostel Wilhelm Leber (vgl. online-Version)

*ausdrücklich betonen, dass es bei dem Selbstbild darum geht, wie wir uns als Kirche sehen. Aussagen über andere kirchliche Gemeinschaften sind darin nicht enthalten."*[117]
Diese Aussage ist schlicht nur die halbe Wahrheit, oder ist sich Stammapostel Leber der Tragweite der theologischen Formulierungen zu den Sakramenten der NAK wirklich nicht bewusst? Sehr wohl kann man über andere etwas aussagen, auch wenn man es nicht in Worte fasst. Zwei Beispiele mögen dies verdeutlichen: Wenn die NAK behauptet, sie erkenne die rite[118] vollzogenen Taufen anderer christlicher Kirchen an, dann ist dies in seiner Absolutheit wie vorbeschrieben falsch.

Und zwar deswegen, weil die Wassertaufe der NAK einen anderen theologischen Inhalt besitzt, als die Heilige Taufe in anderen christlichen Konfessionen.

Mit anderen Worten: Der Vorgang ist gleich, der Inhalt aber ein anderer. In der Taufe, so glauben die anderen christlichen Denominationen, erfährt der Mensch seine Wiedergeburt aus_Wasser und Geist und dies entspricht der Lehre des Apostels Paulus (vgl. Röm.6). Dem widerspricht die Lehre der Neuapostolischen Kirche.[119]

Wenn diese lehrt, die Wiedergeburt würde erst mit der Versiegelung vollzogen und damit würde man zum Kind Gottes und Glied am Leibe Christi, dann wird deutlich, dass dort, wo kein NAK-Apostel versiegelt, auch kein Kind Gottes und Glied am Leibe Christi sei. Damit bestätigt die NAK unausgesprochen den Vorwurf ihrer Exklusivität, der nichts anderes als genau das bedeutet!

Allein im Verständnis dieser beiden Sakramente zeigt die Neuapostolische Amtskirche ein höchst widersprüchliches Agieren,

---

[117] Antwort von Stammapostel Wilhelm Leber an Gerrit Sepers vom 10.1.2008

[118] "rite" vollzogene Wassertaufe, heißt: taufen im Namen des dreieinigen Gottes mit Wasser.

[119] Die Wassertaufe. Ein Bad der Wiedergeburt und Erneuerung des Heiligen Geistes, Tit.3,5., Mark.16,16, vgl. Büchners Handkonkordanz (Exegetisch-homiletisches Lexikon), 1904, S. 954

weil sie damit Christen anderer Konfessionen regelrecht die Gotteskindschaft und die Zugehörigkeit zur Kirche Christi abspricht. Das ist nicht christlich, weil es Nächstenliebe in der Lehre ausschließt. Die Führer der NAK könnten wissen, dass sich geistlicher Absolutheitsanspruch einer sektenspezifischen Begriffwelt nähert. In der Bergpredigt lesen wir: *"Ich aber sage euch, dass jeder, der seinem Bruder zürnt, dem Gericht verfallen sein wird; wer aber zu seinem Bruder sagt: Racha!, dem hohen Rat verfallen sein wird; wer aber sagt: Du Narr!, der Hölle des Feuers verfallen sein wird* (Matth.5,22).

Das Wort "Narr", im selben Zusammenhang ins Aramäische rückübersetzt, bekommt die Bedeutung "Gottloser". Jesus sagte also unmissverständlich: Wer anderen Menschen die Gotteskindschaft abspricht, ist des Todes. Darüber nachzudenken, könnte mehr als nur lohnend sein.

Trotzdem behauptet Stammapostel Leber in seinem Brief an Gerrit Sepers, das NAK-Selbstbild würde über andere Christen keine Aussage machen. Als Mathematiker weiß er: Wahrheit ist, dass zwei und zwei vier sind (Orwell, 1984). Wie will er diesen systemischen Widerspruch auflösen? Mit solchen Augenwischereien wird man aufgeklärte und nach Wahrheit suchende Christen in der Neuapostolischen Kirche nicht (mehr) befriedigen können.

## 14. Neuapostolische Kirche und Ökumene

Die Spaltung der christlichen Kirchen ist ein Skandal. Die Christen dürften sich mit dieser Situation nicht abfinden, aber auch keine Einheit vortäuschen. Ökumene darf nicht in eine konturlose Allgemeinreligion abrutschen. Eine solche Auffassung ist der größte Feind der ökumenischen Bewegung. Es geht nicht um eine Einheitskirche, sondern um Einheit in Vielfalt. Die Chance dazu liegt im Abschied vom Tradierten. *"Eine der größten Fehlentwicklungen ist die Einengung des Priesteramtes wie auch des Lebens der Gläubigen durch Verordnungen und moralische Vorschriften"*, bemerkt Eugen Drewermann. Jesus habe gerade keine

"Gesetzesreligion" gewollt, die darauf hinauslaufe, dass Gott nur durch "korrektes Verhalten" erlebbar werden könne.
Trotz aller Krisen befindet sich die Neuapostolische Kirche gegenwärtig in einer Zeit der Kreativität, gemessen an ihrer hundertjährigen Geschichte. Man muss deshalb nicht die Sorgen derer teilen, die meinen, dass durch Vielfalt und Verschiedenheit alles auseinander fällt. Im Zuge dieser kreativen Entwicklung spricht auch nichts gegen eine Demokratisierung der von oben vorgegebenen Kirchenstruktur. Denn am Ringen um die Exklusivität neuapostolischer Heilsversprechen im offenen Dialog wird erkennbar, wie die neuapostolische ′Amtsmagie′ zum Hindernis für die Ökumene werden kann. Jesus ist es nicht um die Frage gegangen, "wie wandeln sich Brot und Wein zum Leib und Blut Christi", sondern wie wandelt sich das Herz des einzelnen Menschen.
"Raus aus der Sektenecke – rein in die Ökumene?", lautete der Titel einer Studientagung der Evangelischen Kirche Hessen und Nassau (EKHN).[120] Rund 35 Vertreter aus verschiedenen ACK-Kirchen in Deutschland nahmen teil. Für die Neuapostolische Kirche kamen der Vorsitzende der Projektgruppe (PG) "Ökumene" und Apostel für den Bezirk Süddeutschland, Volker Kühnle, und Kirchensprecher Peter Johanning. Kühnle hob hervor, dass die Gemeinsamkeiten mit den christlichen Gemeinschaften größer seien als die Unterschiede. Als Hindernisse auf dem Weg in die Arbeitsgemeinschaft Christlicher Kirchen (ACK) in Deutschland nannte er insbesondere das Apostelamt, die "nahe Wiederkunft Christi als Bräutigam" und die "Sakramentsspende an Lebende für Verstorbene". Weniger problematisch sei die Frage der Frauenordination (sic!). Das war nicht immer so, wird aber seit der Aussage Kühnles auf dem ev. Kirchentag in Bremen 2009 offensichtlich entspannter gesehen. Begründet wird das bisherige Fehlen einer Frauenordination nunmehr mit Gründen, die in der Tradition liegen.[121]

---

[120] Homepage der NAK am 12.9.2008, naki.org
[121] "Tradition ist Bewahrung des Feuers und nicht Anbetung der Asche." (Gustav Mahler)

Auf der Agenda der Hindernisse unerwähnt lässt Kühnle die **Wassertaufe**. Deren Anerkennung durch die NAK betrifft nach ihrem Selbstverständnis nur den äußeren Vorgang, nicht aber deren **Versiegelungs-Bedeutung** in anderen christlichen Kirchen, worauf ich bereits hingewiesen habe.
Kühnle sprach sich dafür aus, die Gespräche mit ACK-Mitgliedskirchen auf lokaler und regionaler Ebene fortzuführen, grundsätzliche theologische Fragen aber bis zum Erscheinen des neuen NAK-Katechismus im Jahr 2010 auszusparen. Schneller könne die NAK ihre Lehre nicht präzisieren, da sie eine Kirche von Nicht-Theologen sei.[122]
Angesichts der wirklichen Hinderungsgründe für die Mitgliedschaft der NAK in die ACK klingt das Statement von Apostel Kühnle über den Hinderungsgrund "nahe Wiederkunft Christi als Bräutigam" wie eine durchschaubare Ablenkung nach der Devise: "Lasst uns über das Lesen reden, aber nicht über das Buch."
Eines der wirklichen Probleme einer Mitgliedschaft der NAK in der ACK und damit einer Teilhabe an der Ökumene, liegt beim vorstehend beschriebenen neuapostolischen Taufverständnis, auch in der revidierten Fassung einer vorgeblichen Anerkennung der Taufe anderer christlicher Konfessionen. Dies scheint vorgeschoben zu sein, weil einige der in der ACK versammelten Konfessionen in der Taufe zugleich Geistspendung und Gotteskindschaft sehen. Spielt die NAK also auf Zeit?
Ehrlicherweise müssten die Gespräche ausgesetzt und erst dann weitergeführt werden, wenn die eigene Lehre von ihr definiert und im neuen Katechismus festhalten ist. Auch dieser Vorgang zeigt durchaus und deutlich, dass nicht Aufarbeitung, sondern Verdrängung betrieben wird.
Dabei geht es in erster Linie gar nicht um die Ökumene, auch wenn echte Ökumene im Sinne der Einheit unter allen Christen etwas ganz Wunderbares wäre – und mit Sicherheit genau das, was Jesus gewollt hat. Es geht eher um den tiefen Schmerz, den es jedem Christen verursacht, wenn er erkennen muss, dass seine

---

[122] Studientagung der Evangelischen Kirche Hessen und Nassau (EKHN), auf der offiziellen Homepage der NAK vom 12.9.2008

Kirche, sein Lebensmittelpunkt, sich immer noch auf einem falschen, von menschlichen Gedanken bestimmten Weg befindet. Zu dieser Erkenntnis kommt man zwangsläufig, wenn man sich ernsthaft mit der Hl. Schrift im Allgemeinen und den Aussagen Jesu im Besonderen beschäftigt. Wohl deshalb war das wohl über lange Zeit sowohl in der katholischen als auch in der neuapostolischen Kirche nicht erwünscht. Man sollte die Predigten einfach "konsumieren" und sich am besten keine eigenen Gedanken dazu machen – schon gar keine kritischen.

Der Begriff Ökumene unterliegt vielen Ausdeutungen und ist daher an sich nicht mehr zur gegenseitigen Verständigung geeignet. Noch viel weniger ist Ökumene ein Wert an sich; sie wird es dadurch, dass dem Begriff ein Inhalt verliehen wird. So kann die RK sich ohne weiteres als ökumenisch bezeichnen, weil sie darauf hin will, alle Christen in der einen Kirche Christi zusammenzuführen, auf die sie im Grunde hinstreben.

Hier ist insbesondere das inklusivistische Theologieverständnis Karl Rahners zu beachten, des einflussreichsten Theologen des 20. Jahrhunderts. Am anderen Rand des Verständnisspektrums ist die pluralistische Theologie zu finden, die alle Religionen als für ihre Zeit und ihren Verbreitungsraum als gleichberechtigt ansieht. Interessant ist dabei, dass diese Auffassungen im Verhältnis des Christentums gegenüber nichtchristlichen Religionen geäußert werden, aber so gut wie gar nicht im Blick auf die "anderen" Christen. Hier sorgt die vatikanische Stellungnahme wenigstens für Klarheit.

Paradoxerweise scheint die kath. Kirche immer mehr zum Vorbild für die Neuapostolische Kirche zu werden, obwohl doch Martin Luther und die Reformation früher immer als wichtig für den Heilsplan Gottes dargestellt wurden. Die Überhöhung der Ämter, die Verehrung von Menschen, das halsstarrige Festhalten an der Behauptung, nur die eigene Kirche sei die richtige (Volker Kühnle: *"Kirche im Vollsinn ist nur da wo Apostel sind"*) – all das ist katholische Denkweise und wurde von den Reformatoren schon vor Jahrhunderten als falsch erkannt.

Wenn Kühnle postuliert: *"Ich stehe in tiefer Dankbarkeit und großer Hochachtung vor dem Werk dieser Glaubensväter. Aber*

*Zeiten ändern sich..."*, dann kann man einen kirchenpolitischen Spagat nicht besser beschreiben.
Noch lange wird mächtig nachwirken, dass man sich über Jahrzehnte abschottete und Kontakt zu anderen Kirchen mied. Man las nicht deren Bücher und besuchte nicht deren Gottesdienste. Letzteres ist allerdings längst nicht Vergangenheit, wie die Redaktion der Kirchenzeitung 'UF' gelegentlich deutlich macht. Damit wurde eine noch immer weit verbreitete Haltung bei den Gläubigen geprägt, die für innere Stabilität der Kirche sorgte. Deshalb dauert es so lange, bis der Gedanke an Ökumene im "Herzen der Kirche", den Gemeinden, ankommt. Viele Traditionsverwurzelte wollen lieber weiter ungestört ihr traditionelles Gemeindeleben leben. Und bisher scheint auch nicht hinreichend geklärt zu sein, ob die Ökumene im Herzen der Kirche überhaupt ankommen soll. Dabei wurden ehedem sakrosankte Lehrsätze, während Jahrzehnten in der NAK gepredigt, kurzerhand für falsch und obsolet erklärt, von den Gläubigen kaum bemerkt noch gar in Frage gestellt, beispielsweise die 1999 aufgegebene apokalyptische Periodisierung der Heilsgeschichte oder das über lange Zeit NAK-Identität stiftende "Sonnenweib" in der Offenbarung des Johannes (das in die Wüste geführt wird, um während der Trübsal auf der Erde vor dem Schlimmsten bewahrt zu werden,[123] sowie auch das Bild von der endzeitlichen "Hure Babylon" (Offb.17,5;19,2ff), von der sich Gottes Volk fern halten solle - um nun heute die ökumenische Nähe in "versöhnter Verschiedenheit" zu der gestern noch Verschmähten zu proklamieren. *"Ältere Deutungen dieser Offenbarung verlieren damit ihre Gültigkeit, [...] aber auch die neue Deutung erhebt keinerlei Anspruch auf Endgültigkeit"*, so der Beliebigkeits-Tenor der Geistgewirkten Apostelaussage der Kirchenleitung. Hier wäre festzuhalten, dass auch diese "älteren Deutungen" Offenbarungen des Hl. Geistes an das Apostolat waren und Apostel mit dem Anspruch auftraten (und noch tun), dass nur sie in der Lage wären, die Offenbarung überhaupt zu deuten!

---

[123] Vgl. Biblische Geschichte für Kinderunterricht und Familie, Bischoff Verl., 12.Aufl. 1987

Dazu Stammapostel Bischoff: *"die Apostel deuten die Schrift nicht mit dem Verstande, sondern sie werden vom Heiligen Geist geführt das zu verkündigen, was Gott durch die Schrift der Gemeinde für die Gegenwart aber auch die Zukunft zu sagen hätte."*
Ist aber der Geist Gottes nicht „*unwandelbar und unveränderlich und hält sich von unverständigen Gedanken fern"* (Weish.1,5; Jakob.1,17)?
Offenbart er sich heute so und morgen ganz anders? Wie soll man die wechselnden Deutungen der Hl. Schrift bewerten?
Die exegetischen Laien und konservativen Prediger der Exklusivität sagen: "Die Kirche darf sich nicht verändern." Mit dieser Deutung muss endlich aufgeräumt werden! Maleachi macht deutlich: Das Volk muss sich verändern, *"Gott ändert sich nicht."* (Mal.3,6)[124]
Es ist ein Merkmal der Kälte des Winters, dass sich nichts entwickelt. Nichts wächst, alles liegt wie tot. Damit das Leben weitergeht, braucht es Wärme. Diese Wärme kann nur aus einer Quelle kommen: Aus der Liebe Gottes, die ausgegossen ist in unsere Herzen durch den Hl. Geist (Röm.5,5). Auch eine offene und freundliche Gesprächsatmosphäre im innerkirchlichen, wie im ökumenischen Bereich, kann sich nur in der Wärme eines vertrauensvollen Gedankenaustausches entwickeln. Dazu müssen beide Seiten das Gefühl haben, dass ihre jeweilige Sichtweise wertgeschätzt wird, wozu gehört, dass man sie auch einfach mal so stehen lassen kann, ohne sein Gegenüber überreden zu wollen, ohne unbedingt das letzte Wort haben zu müssen.
Eine gern gegebene Auskunft neuapostolischer Amtsträger zur Gesprächs- und Diskursvermeidung ist: "man solle Seine unvollkommenen Gesandten stärken, die schließlich alle von Gott und nicht nach eigenem Wunsch ins Amt gerufen wurden." Wenn man sich die ganz und gar unchristlichen Rangeleien, Rempeleien, Intrigen, Afterreden und Ausbrüche im Apostelkreis des Jahres 1955 betrachtet, gelangt man kaum zu der Überzeugung, dass die häretisch Handelnden von Gott ins Amt gerufen wurden. Das

---

[124] Vgl. http://www.nak-mitteldeutschland.de/aktuelles/nachrichten/2006-09-interview-bap-gk.html

würde Gott auf ein menschliches Maß reduzieren. Weshalb auch der casus ′**Ordinationen**′ ein ähnlich kontroverses Thema wäre. Wo gewollte Erneuerungsgedanken bei den Gebietsverantwortlichen eine theoretische Übung bleibt ("Bei uns ist alles in Ordnung"), wenn Mangel an Selbstkritik und Offenheit dominieren und sachliche Kritik auf Unverständnis, Unvermögen und geschmeidiges Wegducken stößt, werden Konflikte kaum ausgetragen. Von "fair" ganz zu schweigen.
In der zweiten Strophe des Liedes "Ein feste Burg ist unser Gott" von Martin Luther heißt es: "Jesus Christ, das Feld muss er behalten". Ja, Jesus muss das Feld behalten.
Mit Staunen liest man die Aussage des Apostels Volker Kühnle: *"Die Wassertaufe bildet das gemeinsame Band, das Gläubige aller christlichen Gemeinschaften mit Jesus Christus verbindet."* Niemand hat in der NAK je gelehrt, dass deren Gläubige durch die Taufe in eine Gemeinschaft aller Christen mit Christus eingebunden seien. Denkt man diesen Satz weiter, eröffnen sich noch viele unbeantwortete Fragen. So sehr man diese Aussage gleichwohl begrüßen und teilen kann, so wenig findet sie eine auch nur entfernte Entsprechung z.B. in den ′Leitgedanken′ oder Gottesdiensten des Stammapostels oder der Apostel. Weiterhin sehen sie sich als einzige begabt und befugt, die Schrift richtig auszulegen. Ferner ist in ihren Aussagen mit "Werk Gottes" allein die NAK gemeint. Man darf wohl befürchten, dass hier ein Randthema an einen interessierten Apostel delegiert wurde, das man aber offensichtlich nicht mit der fixierten und verkündeten Lehre verbinden möchte. Ökumene erfordert jedoch eine Änderung der Haltung! Dass ein solcher Veränderungsprozess gewünscht ist, mag man annehmen. Dass er initiiert wird, ist allerdings nicht zu erkennen.
Was soll man von den Aussagen Kühnles halten, der zum einen postuliert: *"Das Apostelamt [...] verfügt nicht über Heil – das ist Gottes souveränes Handeln"*, obwohl im "Selbstbild der NAK"

steht: "Das Apostelamt ist das von Jesus Christus bevollmächtigte Amt zur Heilsvermittlung."[125]

Zum anderen aber bemerkt: *"Kirche im eigentlichen Sinn [*Vollsinn*] ist nur da, wo Apostel sind"* (Rede in Halle[126]).

Andere Kirchen außer der NAK sind damit defizient und nur "kirchliche Gemeinschaften", wie sich die NAK in ihren Richtlinien zu ökumenischen Veranstaltungen ausdrückt. Bei der gefühlten Nähe der NAK-Lehre zur RK verwundert es nicht, dass sogar die Formulierung *"im eigentlichen Sinn"* wörtlich in der "Ecclesia de Eucharistia" der kath. Kirche vorkommt, und wie eng verbunden die Begriffe ´Kirche´ und ´Eucharistie´ nach kath. Verständnis sind. Interessant ist es allemal, wenn zwei Konfessionen sich jeweils selbst als Kirche im Vollsinn und als ´einzig wahre Kirche´ bezeichnen.

Einen Fauxpas wie diesen sollte sich der Projektgruppenleiter "Ökumene" nicht leisten! Wenn nicht einmal er wagt, sich dauerhaft und eindeutig pro Ökumene zu positionieren, wie kann man das dann von anderen, nachgeordneten Ämtern erwarten? Hier könnte er sich ein Beispiel an Michael Utsch (EZW) nehmen, der feststellt: *"Im Himmel ist es gleichgültig, aus welcher Kirche ich komme."* Die NAK würde durch die Übernahme dieser einfachen, ehrlichen und von Interessenlagen freien Aussage keinen Schaden nehmen, sondern an Glaubhaftigkeit nur gewinnen.[127]

Als einziges signifikantes Ergebnis der Ökumenediskussionen scheint sich bisher eine Art christliches Gutmenschentum entwickelt zu haben, das die Ökumene per se für erstrebenswert erklärt, möglichst aber nicht darüber nachdenken will, welcher theologische Sprengstoff sich dahinter verbirgt. Hier stellt sich die berechtigte Frage, ob die NAK überhaupt in der Lage ist, diesen Begriff mit Inhalten zu füllen.

---

[125] Selbstbild der Neuapostolischen Kirche, Ziff.2, http://www.nak.org/de/kennenlernen/self-image/

[126] http://www.nak.de/download/vortrag-selbstverstaendnis-nak-20050625.pdf

[127] glaubenskultur.de vom 26.05.2009

Selbst wenn die Definition der Kirchenleitung (oder der Projektgruppe, was lange nicht das gleiche ist!) in die Gemeinden gedrungen und dort verstanden worden ist, gibt es bei lokaler Umsetzung dieser Gedanken erhebliche Probleme, weil man dort eben nicht auf den Gesprächspartner der Projektgruppe stößt, sondern auf Kirchenvertreter mit einem ganz anderen oder gar keinem Ökumeneverständnis.
Im Übrigen lenken diese oberflächlichen Ökumeneaktivitäten von der Grundvoraussetzung für jede sinnvolle Ökumenediskussion ab, nämlich zunächst einmal eine eigene Dogmatik zu entwickeln, aufgrund derer man erst zu einer inhaltlichen Auseinandersetzung in der Lage ist. Wenn Utsch einen beliebigen Punkt neuapostolischen Selbstverständnisses herausgreift und Kühnle den ohne weiteres, abweichend vom Selbstbild der NAK zu relativieren vermag, zeigt das, wie schwer die Lehre der NAK in den letzten Jahren fassbar und fixierbar geworden ist – eine zusätzliche Erschwernis in einer schon ohnehin nicht einfachen Diskussion. Vor dem Erscheinen des Katechismus 2010 wird deshalb ein sinnvolles Ökumenegespräch (sofern solche Gespräche beim gegenwärtigen Stand des Ökumeneverständnisses überhaupt sinnvoll sein können) mit der Kirche kaum möglich sein, daran können alle gutmeinenden gegenseitigen Hochachtungsbezeugungen nichts ändern.
Jesus Christus muss im Zentrum stehen, das ist der Minimalkonsens, den Kirchen und Glaubensgemeinschaften finden können. Mit der Veränderung der Kirche werden sich auch die Gottesdienste verändern, eine andere, freiere Generation wächst heran. Von den jüngeren Priestern der neuapostolischen Gemeinden gibt es durchaus einige, die nicht mehr die floskelhafte Rede zelebrieren, die noch vor einigen Jahren üblich war und es oftmals noch immer ist.[128]
Die Frage steht: Wohin geht die NAK? Werden Apostelamt, Entschlafenenwesen und Versiegelung ökumenefähig gemacht? Wird die Autonomie der Gemeinden gestärkt? Werden Personal-

[128] Vgl. Wolfgang Welsch [Hrsg.], Die Predigt der Neuapostolischen Kirche, Kann der Heilige Geist Predigtseminare ersetzen, 2.Aufl. 2009

entscheidungen von den Gemeinden mitentschieden? Eine solche Erneuerung wird stattfinden. Noch ist die Richtung nicht ganz klar und der Weg noch weit, aber es finden Umwälzungsprozesse statt, die eine Hoffnung auf echte Sinnesänderung auf allen Ebenen der Kirche begründen, weg von der ungöttlichen Selbsterhöhung und Anmaßung eigener Rechte und Vollmachten und hin zur bedingungslosen Unterordnung unter Gottes Allmacht und Willen. Genau das ist nämlich "kindlicher Glaube".

Die Vorsteher oder Bezirksämter, die das noch nicht so leben (wollen), sollten mit aller gebotenen Bestimmtheit auf die Signale hingewiesen werden, die der Stammapostel beim EJT gesetzt hat. Eine Erneuerung kann nur vonstatten gehen, wenn es genug Menschen an der Basis gibt, die dies auch wollen, die mitmachen, die sich engagieren.

Neuapostolische Amtsträger können auch charmant und sympathisch sein. Im Konjunktiv ausgedrückt, könnte sich dahinter jedoch ein knallharter Theo-Con (theologisch Konservativer) verbergen, der das Terrain sondiert. Für sie bedeutet es schon ein "Verlassen der Lehre", wenn der ev. Theologe und Widerstandskämpfer gegen den Nationalsozialismus, Dietrich Bonhoeffer, als Glaubensvorbild herausgestellt wird: ′Glaubensvorbild? Bonhoeffer? Der ist doch nicht neuapostolisch…′ Diese unchristliche Enge des Herzens ist dem geschlossenen Denksystem der Kirche geschuldet. Von den Trägern dieses Gedankengutes ist kein Engagement zu erwarten.

Wenn die heile Welt der Neuapostolischen Kirche, die aus einer bleiernen, autoritären Welt biblischer Laien kommt, sich beratungs- und erkenntnisresistent gibt, dann kann man nicht so tun, als wäre dagegen kein Kraut gewachsen. Die EZW und die ACK sind solche Kräuter.

Der ständige Mitgliederschwund, die junge Generation mit ihren Fragen, und letztlich die unchristliche Schamlosigkeit eines 4.12.2007 sind weitere Kräuter auf dem Weg zu einer heilsamen Genesung. Überdies verschafft die Kontemplation ureigenster Themen die Vermehrung von Erkenntnis. Die Wegducker und "Betonschuh-Träger" auf der neuapostolischen Bezirksebene können dem Fragenden und Bewegenwollenden doch nicht ihre eigene Feigheit und Unbeweglichkeit vorwerfen! Über gegenseitige (Glaubens-)Überzeugungen zu reden heißt deshalb vor allen Dingen auch, ihre jeweilige Wertigkeit, Schlüssigkeit, Sinnfälligkeit und damit ihren unterschiedlichen Wahrheitsgehalt im Abgleich mit eigenen Erfahrungen und Erkenntnissen zu eruieren. Das war zu allen Zeiten Ziel neuapostolischer und anderer Mission, es war auch zu allen Zeiten Inhalt neuapostolischer Bewertung der glaubensmäßigen Außenwelt, und es wird immer Inhalt sein und bleiben, wo Menschen unterschiedlicher Glaubensbekenntnisse ins Gespräch kommen.

Es wäre töricht, nun so zu tun, als wäre ökumenisches Miteinander der unterschiedlichsten Glaubensvorstellungen möglich, ohne die Frage der Wahrheit im Sinne einer begründenden Erklärbarkeit und Verifizierbarkeit der eigenen Glaubenspositionen zu stellen. Wie sonst sollte dann Unkraut vom Weizen, Aberglauben vom Glauben, und falsche von wahren Aposteln unterschieden werden?

Wer ernsthaft diskutieren will, muss unterschiedliche Standpunkte deutlich benennen. Ökumene, wenn sie nicht ein verschwommenes Nebeneinander sein soll, muss Diskussion fordern. Auch "versöhnte Verschiedenheit" leugnet oder übersieht die Verschiedenheiten nicht, sondern benennt sie. Es ist ein Verdienst des derzeitigen Papstes, strittige Themen, die lange geflissentlich ignoriert oder verleugnet wurden, offen anzusprechen. Seine Rede über die Unterschiede des Gottesverständnisses in der RK und im Islam bildete bisher den Schwerpunkt dieser Bemühungen, und es ist nur zu bedauern, dass der Vatikan sich nach dem Aufschrei in der islamischen Welt bemüßigt sah, die Eindeutigkeit seiner Aussagen abzuschwächen.

Wer sich bemüht, alle real vorhandenen Differenzen zu verschleiern – und sei es mit besten Absichten – wird irgendwann feststellen müssen, dass er nicht mehr ernst genommen wird.

Die NAK ist in ihrer Außendarstellung längst nicht so kantig wie die RK. Wenn ihre Ökumenebestrebungen nicht honoriert werden, so liegt das an ihren Lehrinhalten, die wesentlich weniger gute Begründungen haben wie die der RK. Anstatt darüber in eine offene Diskussion einzutreten, wird aber offensichtlich ein

Kurs der Lehraussagenelastizität verfolgt. In der Außenbetrachtung öffnet sich die Kirche hin zur Ökumene (im allgemeinsten Sinn), und nach innen zementiert sie die tradierten Lehrinhalte des Apostel- und Heilsexklusivismus. Letzteres ist – um es noch einmal ausdrücklich zu betonen – für sich genommen und per se nicht verwerflich, aber es zeigt den Unterschied zwischen ernsthaftem Diskussionsanliegen und taktischem Kalkül.[129]
Die Gemeinden sind weiterhin stromlinienförmig im Sinne des konservativ-traditionellen Lagers ausgeprägt. Alles, was darüber hinausgeht, auch im Sinne der Ökumene, scheint auf dem Index zu stehen. Das macht vordergründig dann Sinn, wenn man versteht, dass in sich geschlossene Systeme nur solange funktionieren, wie sie geschlossen sind.

## 15. Glaube gegen Vernunft?

Wenn Amtsträger nicht wissen, wie sie ihren eigenen oder den verkündeten Unfehlbarkeitsanspruch begründen sollen, verweisen sie zumeist auf den Glauben, den Hl. Geist oder einfach auf die Notwendigkeit einer "bedingungslosen Nachfolge" ohne eigene Meinung. Wenn Theologen nicht wissen, wie sie eine bestimmte Lehre, Dogma oder ein Bibelwort verantworten, können sie zumindest auf das Ergebnis wissenschaftlicher Exegese verweisen. In beiden Fällen stellt sich die Frage, welche Rolle dabei der Glauben und das Wissen aus der Erkenntnis spielen, ob ein oder mehrere Faktoren zur Rechtfertigung oder sogar Verabsolutierung bestimmter Lehren, zu inhaltlich nicht überzeugenden Glaubensaussagen, zur Rechtfertigung eines frommen Fundamentalismus, oder zu unreflektierter Nachfolge-Gläubigkeit und falscher Glaubenssicherheit missbraucht wird.
Das Regulativ der Vernunft befasst sich mit der Frage, wie Wissen zustande kommt, welche Erkenntnisprozesse denkbar sind (etwa Sinneswahrnehmung, logische Schlussfolgerung, Erkennt-

[129] Vgl. junge-christen.info/berichte_25072007_einladung_zum_dialog.html

nis der Wahrheit durch Offenbarung, Reflexion), sowie tiefer eingehenden Fragen, wie begründet angebliches Wissen unter diesen Voraussetzungen ist, und woran man erkennt, dass es tatsächlich mit Erkenntnis angeboten wird. Vernunft ist also ein wichtiges Instrument zum Erfassen und Verinnerlichen. Kant schuf mit seiner Erkenntnistheorie und Ethik dazu umfassende Perspektiven.

Woran erkennt man nun, dass jemand mit Wissen über Glauben spricht, mit Erkenntnis über das Evangelium? Die Antworten hängen von den grundsätzlichen Bedingungen aus der Erkenntnistheorie ab und führen zur Frage nach der Gewissheit. Die Erkenntnistheorie beginnt dort, wo der Zweifel an der Realität einsetzt. Sie hinterfragt an Stellen, an denen "unzweifelhafte Wahrheiten" dogmatisch verkündet werden.

In der alten Kirche, selbst in der mittelalterlichen, war es nicht so. In dieser Zuspitzung handelt es sich um eine neuzeitliche Entwicklung, entstanden einerseits aus dem reformatorisch-pietistischen Schwärmertum mit ihren neuen Nachfragen, andererseits aus einer Defensivhaltung der Großkirchen, die sich gegen die Kritik der Vernunft immunisieren wollten. Dabei fällt die religionsgeschichtlich notwendige Unterscheidung zwischen einem, fälschlich gleichgesetzten, Konfessionsglauben und dem Gottvertrauen völlig unter den Tisch.

Daraus ergibt sich die Relevanz zu der Frage: Warum ist die menschliche Vernunft konstitutiv für den Glauben? Die Allmacht Gottes zerstört nicht den Willen der Geschöpfe, denn Gott hat ihnen Eigenständigkeit und Eigenwirksamkeit verliehen (Thomas von Aquin). Gottgewollt ist, dass die Schöpfung sich selbst aus ihren Kräften entfaltet. Glaube setzt Erkenntnis voraus, die sich aus der Introspektion der Vernunft entfaltet.

Wenn Gott den Menschen als vernunftbegabtes Wesen erschaffen hat, dann kann sich Glaube als Grundverhältnis des Menschen zu Gott nicht gegen seine Vernunft- und Erfahrungswelten entwickeln. Vielmehr muss er in der Verlängerung des Denkens liegen und mit den Gesetzen des Denkens vereinbar sein. Daraus erwächst der Vernunft eine regulative Funktion gegenüber Glauben und Lehre. Eine Facette regulativer Vernunft ist die Kritik. Dem weithin angenommenen Widerspruch zwischen Glaubenserkenntnis und rationaler Erkenntnis fehlt daher jede Grundlage. Gott würde sich und seiner Schöpfung selbst widersprechen, da sie auf Glaube u n d Vernunft gründet. Büchner schreibt: *"Vernunft im engeren Sinn ist eine erlangte Geschicklichkeit wohl zu denken und nachzudenken, oder das Vermögen, höchste Prinzipien und besonders das Übersinnliche aufzufassen, während sich der Verstand auf das Empirische richtet. [...] Die Schrift hat den Vernunftgebrauch nie verboten."*[130]

Diese Definition erlaubt, dass der Mensch sich eine (eigene) Meinung zu den Dingen bildet und bilden muss, um zu einer inneren Überzeugung zu gelangen (vgl. Spr.13,16). Glaube u n d Vernunft gelangen zur Erkenntnis des Heils. Dies steht allerdings noch immer im Widerspruch zu neuapostolischen Predigten, in denen regelmäßig darauf verwiesen wird, die eigene Meinung unter die der "Vorangänger" zu stellen, womit die Amtsträger (Apostel) der Kirche gemeint sind. Eine, wie man zu Recht annehmen darf, unzulässige Vereinnahmung individueller Vernunft unter einem Kirchendogma, das häufig in charismatisch-fundamentalistischen Naherwartungsgemeinschaften zu finden ist.

Die Denkgesetze des Menschen, auch als Naturgesetze des Denkens und als logische Grundsätze bezeichnet, sind gültige und notwendige Voraussetzungen des Glaubens. Der Glaube bietet zwar neue Inhalte, aber keine neuen Gesetze, mit denen diese Inhalte erfasst und gedacht werden könnten. Glaube und Theologie bleiben dem logischen Denken unauflösbar verbunden. Jede Wahrheit, von wem immer sie erkannt sein mag, betont Thomas von Aquin, ist vom Geiste Gottes.[131] Darin liegt auch der tiefste Grund dafür, dass es unmöglich ist, dass das, was uns auf dem Wege des Glaubens überliefert wird, im Widerspruch zu unserer natürlichen Erkenntnisfähigkeit stehen könnte. Grundsätzlich

[130] Gottfried Büchner, Exegetisch-homiletisches Lexikon, Leipzig 1904, S. 1047

[131] Summa theologiae I/II q. 109, art. 1

können also die Wahrheit des Verstandes und die Wahrheit des Glaubens nicht in Widerspruch geraten.
Mit Entschiedenheit hat Thomas von Aquin die These von der doppelten Wahrheit zurückgewiesen, wonach etwas theologisch wahr und aufgrund der Erkenntnis einer anderen Wissenschaft falsch sein könnte und umgekehrt. Wenn es aber gleichwohl zu Widersprüchen kommt, dann sind entweder die Grundsätze der Vernunft nicht richtig angewendet, oder die Theologie gibt etwas für eine Glaubenswahrheit aus, was in Wirklichkeit keine ist. In keinem Fall kann etwas Inhalt christlicher Offenbarung und somit Gegenstand des Glaubens sein, das den Grundprinzipien und Gesetzen der Vernunft und des Denkens widerspricht. Darin zeigt sich die Autonomie der Vernunft. Sie ist die letzte kritische Instanz gegenüber dem Glauben. Ohne das Denken gerät der Glaube in die Beliebigkeit von Meinungen und damit in die Verwahrlosung. Er verliert das Kriterium der Wahrheit. Vernunft und Erkenntnis sind grundsätzlich vorzuhalten. Sie auszuschließen oder auch nur zu vernachlässigen hieße, die unabdingbare faktische Beteiligung des Menschlichen an der göttlichen Offenbarung ausschließen oder vernachlässigen zu wollen.
Der Rückgriff auf Tradition und Sukzession der kirchlichen Lehre und den ihr immanenten Offenbarungen, stellt per se keine Garantie für Wahrheit oder göttliche Gültigkeit dar. Jede Lehre muss sich an der Hl. Schrift als dem normativen Dokument des Christentums und am Anspruch regulativer Vernunft, als dem Glauben zugeordnete Instanz, messen lassen. Die Autorität der Wahrheit darf der Autorität des Verkünders jedoch nicht unterworfen sein.
So ist auch neuapostolische Lehre nicht deshalb wahr, weil sie von Aposteln verkündet wird, sondern Apostel verkünden, ihrer jeweiligen Erkenntnis entsprechend, diese Lehre, weil sie diese als wahr erkannt haben. Daraus folgt, dass die Wahrhaftigkeit der jeweiligen Lehre entscheidend ist, nicht aber ein Kirchenamt oder dessen Autorität.
Die ZEIT zitiert in einer Buchkritik Joseph Ratzinger, der schreibt: *"Religion und Vernunft gehören zusammen, 'reinigen' und 'heilen' sich wechselseitig, weil der Glaube sonst fundamen-*

*talistisch eng und die Vernunft materialistisch leer wird. [Es] ist ein christliches Ethos, das sich die apokalyptische Revolutionsschwärmerei verbietet."*[132]

Neben Vernunft und Erkenntnis sprechen die Früchte göttlicher Offenbarungen für die Wahrheit. Dies war die Gotteserfahrung der Israeliten von Anbeginn an. Die Propheten des Alten Israel waren keine Wahrsager und Orakelbefrager, sondern Gottesverkündiger ihrer Zeit. Dieses göttliche Verifikationsinstrument ist bis auf den heutigen Tag gültig. Der Begriff "Offenbarung" in Bezug auf das deuteronomische Verifikationsinstrument bezieht sich aber nicht auf apokalyptische Zukunftsvisionen, insbesondere nicht auf die von der NAK charismatisch bepredigte Parusie, sondern auf praxisorientierte göttliche Führung im Alltag der Menschen. Deshalb widersprach die Offenbarung Johann Gottfried Bischoffs hinsichtlich einer ihm angeblich offenbarten, zeitlich festgelegten (auf sein Lebensalter) Botschaft von der bevorstehenden Wiederkunft Christi sowohl der Vernunft, dem Glauben aus dem Evangelium und dem deuteronomischen Gesetz, weil sie nicht erfüllbar und deshalb falsch war. Dieses Gesetz wurde zum Schutz vor falschen Propheten von Gott selbst gegeben. Als Bischoff starb, ließ das Gesetz aus dem Pentateuch die Vermessenheit des Verkünders und der Botschaftsanhänger erkennen. Unter diesem Gesetz stehen alle Gläubigen ohne Ansehen der Religion bis heute.

Der Wille, die Wahrheit zu suchen, um sie zu kämpfen und den Verstand dazu einzusetzen, liegt in der Verantwortung jedes einzelnen Menschen. So ist, neben einer typischen NAK-Sozialisation, die Tatsache einzubeziehen, dass die Art, wie Glauben, Religion und Kirche in der NAK angeboten und gelebt werden, ein charakterlich spezifisches Klientel anzieht. Diese Sozialisation wirkt dann in dem Sinne als Verstärker, dass sich charakterliche und religiöse Grunddisposition und kirchliche Sozialisation gegenseitig bedingend entwickeln. Dies ist grund-

[132] Die ZEIT" Nr.18 vom 28. 4. 2005

sätzlich kein NAK-spezifisches Phänomen, sondern in allen gesellschaftlichen Schichten und Organisationen anzutreffen.[133]
Die Spezifik neuapostolischer Glaubens-Sozialisation liegt neben ihrer sozialgeschichtlichen Herkunft und Entwicklung u.a. in ihrem tradierten Gottesbild begründet, das Gott als gestrengen Vater einer Erziehungsepoche ansieht, in der kein Widerspruch geduldet und jeglicher Einwand, sei es Kritik, sei es Zweifel, als Ungehorsam dargestellt wird. Indem die Erkenntnisfähigkeit des Zweifels an der Institution Kirche, ihrem Amtskörper, ihrer Lehre und ihren Sakramenten undifferenziert mit dem Zweifel an Gott gleichgestellt wird, stellt sich die Forderung nach einem bedingungslosen Glaubensgehorsam als Forderung eines Gehorsams gegenüber den Deutungen und Handlungen der Kirche heraus. Sie führt zwangsläufig in eine absolute Nachfolgedoktrin für Menschen. Einem biblischen Gottesbild, das sich menschlichen Fragen und Zweifeln stellt, weil es darin die Aufrichtigkeit in der Vertrauens- und Glaubensbildung sieht, ist diese Art von "Nachfolge" fremd. Die Wertigkeit einer beliebigen Sache muss anhand objektiver Kriterien nachweisbar sein, gewiss sein, sonst besteht die Gefahr, dass sie lediglich dem subjektiven Interesse eines Einzelnen oder einer Gruppe dient, die sich weigert, über die Wahrhaftigkeit ihres Anspruchs nachzudenken oder ihn hinterfragen zu lassen.
Ludwig Wittgenstein schreibt über die Gewissheit: *"Es käme mir lächerlich vor, die Existenz Napoleons bezweifeln zu wollen; aber wenn einer die Existenz der Erde vor 150 Jahren bezweifelte, wäre ich vielleicht eher bereit aufzuhorchen, denn nun bezweifelt er unser gesamtes System der Evidenz* (Gewissheit, Erkenntnis, Anm. des Verf.). *Es kommt mir vor, als sei das System sicherer als eine Sicherheit in ihm."*[134]
Bleibt man in diesem Bild, käme man sich lächerlich vor, die Existenz der Heilsnotwendigkeit in der Neuapostolischen Kirche

[133] Detlef Streich, Konstitutive Merkmale der Neuapostolischen Kirche, Ulrike Bär, Risiken für die Selbstbildung durch Erziehung und Sozialisation in fundamentalistisch religiösen Gemeinschaften
[134] Ludwig Wittgenstein, Über Gewissheit, Frankfurt/M. 1984

zu bezweifeln. Bezweifelt man aber die Existenz des Christentums, bezweifelt man das gesamte System der Evidenz. Auch hier scheint das System sicherer als eine Sicherheit in ihm.
Wo Glauben in seinem ursprünglichen Sinne verstanden und gelebt wird, wo das Evangelium von der erlösenden Gnade Gottes verkündet wird, ist das Vertrauen in Gottes Allmacht und Liebe groß, um als lebensbejahender Christ auf die Wiederkunft des Sohnes Gottes zu hoffen, nicht im Sinne eines Paradigmas der Lebensmüdigkeit und charismatischer Sinnlosigkeit, sondern in der Gewissheit erlösender Gnade.
Eine religionswissenschaftlich-theologische Auseinandersetzung mit dieser Thematik setzt theologische und exegetische Kenntnisse voraus, denn wer die Bibel nur als Rezeptbuch betrachtet, aus dem man beliebig Zutaten entnehmen und ebenso beliebig neu mischen könnte, der unterliegt einem ebenso verbreiteten wie folgenschweren Irrtum.
Anstelle eines gelebten Glaubens und eines glaubwürdigen Lebens setzen sich blinder Gehorsam, Binsenwahrheiten und Nachfolgezwänge an die Stelle der Verkündigung des Evangeliums.
Die scheinbare Notwendigkeit von ´Gästegottesdiensten´, in denen nicht-neuapostolischen Christen die christliche Lehre der NAK erst erklärt werden muss, zeugt von der Evangeliumsfremde einer Glaubenswelt, in der jeder zum Ketzer werden kann, der sich nicht bedingungslos den Vorgaben dieser Lehre unterwirft.
Der Jesuitenpater Rupert Lay schreibt: *"Wer sich im Besitz von Wahrheit weiß, die unüberholbar ist, und unter Autoritäten steht, denen er unbedingt gehorcht, der lebt im Geist des Habens. Ja, er hat nicht nur, sondern weil er sich von seinem Haben her versteht, wird er von dem, was er zu haben meint, besessen. Er verliert Autonomie und Freiheit, Kritikfähigkeit und Mut vor der Zukunft. Sich vom Haben her zu verstehen ist nun gerade für einen Christen ein schlechtes Merkmal, denn Jesus hat in seiner unendlichen Toleranz allen Sündern gegenüber den Geist des Habens verurteilt, den des materiellen ebenso wie des geistigen. Reichtum und Pharisäismus waren ihm in gleicher Weise problematisch. Er war ja gekommen, Menschen vom Gehabtwerden zu erlösen.*

*'Institutionen sind [...] Sozialgebilde, die endogen (von sich aus) keine anderen Interessen, Bedürfnisse, Werte kennen, als ihren Bestand zu sichern und, wenn das ohne Bestandsgefährdung möglich ist, zu expandieren, das heißt, ihren Herrschafts- und Einflussbereich auszudehnen. [...] Institutionen, selbst handlungsunfähig, können ihre endogenen Zwecke nur durchsetzen, wenn es ihnen gelingt, Menschen zu ihren Agenten zu machen. Menschen aber werden nur zu Systemagenten, wenn sie sich die endogenen Zwecke und die damit verbundenen Werte über Introjektion zu Eigen machen. Nun sollte man meinen, erwachsene Menschen würden niemals unkritisch die Wertvorgaben von Institutionen übernehmen. Das ist ein Irrtum. In nicht wenigen Institutionen haben nur diejenigen Menschen eine realistische Chance, im Namen und Auftrag der Institution zu handeln [...], die nahezu kritiklos bereit sind, den endogenen Zwecken der Institutionen zu dienen. Ich habe in Kirche, Staat und Unternehmen nicht wenige solcher 'uneigennütziger Diener' kennen gelernt. Für den Bestand ihrer Institution sind sie bereit, 'ihr Bestes' (nämlich ihr Leben, Ihre Arbeitskraft, ihr Privatleben und ihre moralischen Wertüberzeugungen) zu geben. Dabei versuchen die meisten Menschen in Führungspositionen - meist völlig unbewusst - ihren Führungsanspruch durch das Verkünden von Dogmen zu sichern. Und da ihnen die Mittel zur Verfügung stehen, ihre Meinung gegen fremde Ansichten durchzusetzen, wird ihnen die Überzeugung von der scheinbaren Überlegenheit ihrer Meinung ständig bestätigt. [...] Sie machen menschliches Miteinander-Umgehen nahezu unmöglich. Dogmatiker neigen vielmehr dazu, abweichende Positionen abzuwerten, zu verwerfen, zu exkommunizieren."*[135]

Um dieses Phänomen geht es in einem partizipativen Diskurs mit der Kirche. Entgegen den Forderungen des Stammapostels nach Diskussionsbereitschaft, nach einer konstruktiven Gesprächs- und Streitkultur in der Kirche, wird diese Form kommunikativer Gemeinschaft in den Basisgemeinden der Gebietskirchen noch

[135] Rupert Lay, Ketzer, Dogmen, Denkverbote, Berlin 1998

immer als 'Besserwisserei' und 'Wichtigtuerei' abgetan, oder als 'Probleme mit dem Glauben' verworfen.
Zwar stellt der Mediensprecher der NAKI fest: *"Dialog hat es doch immer gegeben! Ich bin nun schon über 20 Jahre lang Amtsträger und habe stets versucht, meine Aufgaben als Seelsorger und Ansprechpartner für die Gläubigen zu erfüllen. [...] Ich möchte helfen, die Informationskultur zu steigern und die Streitkultur zu verbessern, damit eine Akzeptanzkultur entstehen kann. Mit anderen Worten: Dialogbereitschaft als kulturelles Allgemeingut zu verstehen - eine Riesenaufgabe."*[136]
Die Worte hört man wohl...allein die Wirklichkeit sieht anders aus. Solange jegliches kritische Hinterfragen auf tiefverwurzeltes Misstrauen, auf tradierte Tabuzonen stößt, solange man die Integrität und Reputation von kritisch hinterfragenden Gläubigen in Zweifel zieht, ihre Loyalität in Frage stellt, die Vernunft in einen Gegensatz zum Glauben stellt, können sich weder Gemeinschaft noch Dialogbereitschaft oder ein offenes christliches Leben entfalten.
Ein Beispiel über den Umgang mit (amerikanischen) Geschwistern, die Fragen zu den Inhalten einer neuen Kirchenverfassung stellen und um Einsicht bitten, weil es berechtigte Zweifel an der Redlichkeit und Fairness diverser Vor-Fassungen in Bezug auf die Geschwister gab, gibt deren Kirchenleitung.
Die Antwort des Apostels Leonhard Kolb zeigt eine ähnlich verächtliche Diktion, einen ähnlichen Hang zur Informationsvertuschung und Vernebelung, wie man sie auch in Deutschland beobachten kann.
Kolb schreibt: *"Liebe Schwester G., Ich darf Ihnen versichern, dass diese neue, nunmehr verbindliche Verfassung der NAK Nordamerika alle gesetzlich notwendigen Richtlinien berücksichtigt und keinerlei Formulierungen oder Inhalte enthält, die Anlass zu Misstrauen geben könnten. Nicht zuletzt aus diesem Grund verstehe ich Ihr Interesse an den Vorgängerversionen nicht, bezweifle ich doch die Relevanz dessen, was in diesen ge-*

---

[136] Peter Johanning im Interview mit dem Webmagazin 'Glaubenskultur'

*schrieben oder nicht geschrieben wurde. Das sind doch letztlich olle Kamellen, die keinen zu interessieren haben."*[137]

Deutlicher kann man ein Verhalten, das vertuschen und vergessen machen möchte, das Fragen als unzulässiges illegitimes Einmischen versteht, nicht darstellen. Ein systemisches Denken in amtskirchlichen Strukturen mit eingeforderter "Nachfolge" macht deutlich, dass der Diskurs in einer erzwungenen Stabilität ein Tabuthema bleibt.

Der kath. Theologe Rudolf Schermann stellt gleichbedeutend fest: *"Die Grundhaltung der Abwehr, die aus Mangel an Glauben und aus Angst entspringt, macht es verständlich, warum der Reserve-Katholizismus so überempfindlich ist gegen jede Kritik und warum er insgesamt über ein beträchtliches Potential an Intoleranz, Nervosität und Lieblosigkeit verfügt. - Die gerade in kirchennahen Kreisen weitverbreitete Ängstlichkeit, Kleinlichkeit und Überempfindlichkeit, der Hang, Probleme zu tabuisieren, anstatt sie in offener und offenherziger Diskussion auszutragen, verraten, dass der Reserve-Katholizismus von einer kindlichen und kindischen Bewusstseinshaltung geprägt ist."*[138]

Zweifellos handelt auch die Kirche mit Vernunft. Allerdings scheint sie mehr zur Abwehr an unterschwellig für ´unvernünftig´ gehaltene Gläubige eingesetzt zu werden, denn als Katalysator des Glaubens.

---

[137] Leonard R. Kolb, NAC-USA (der Ton wird zunehmend unchristlicher) in: Examples of "Open Dialogue" in the NAC, http://www.geocities.com/stiegelmeyr/NAC_Dialogue.htm

[138] Rudolf Schermann, Woran die Kirche krankt, München 1993, S. 42

## 16. Apostelamt und Gemeinde

*ecclesia semper reformanda**
Martin Luther

Die große Mehrzahl aller Geistlichen, ob katholisch, evangelisch, neuapostolisch, evangelikal, orthodox usw. ist stets redlich und von Herzen bemüht, ihre Leitungsfunktion im Sinne Christi zu leben. Ob das den Mitgliedern immer im Sinne Christi erscheint, ist eine andere Frage.
So wird z.B. bei Jahresabschluss-Gottesdiensten der kath. Kirche ein Jahresrückblick gehalten. Es wird der Toten gedacht, für den einzelnen gebetet, eine Kerze angezündet. Es wird die Zahl der Geburten bekannt gegeben und für die neuen Erdenbürger gebetet, ebenso die Taufen, Kommunion, Firmlinge, Hochzeiten, Wiedereintritte und die Anzahl der Austritte. Von dieser christlichen Offenheit kann die NAK viel lernen. Viele dieser Vorgänge werden von ihr nicht genannt, nicht erklärt oder sie werden ignoriert. Dabei bleibt offen, ob es sich um Rudimente einer vergangenen Führerkirche handelt, die Autokratie mit Autorität verwechselt, oder um ein anderes Verständnis von Offenheit.
Um Autorität anerkennen zu können, darf man Glaubwürdigkeit und Kompetenz erwarten. Dann hat wohl kaum jemand Probleme, Autorität anzuerkennen. Wie war es in der Schule? Gekuscht hat man bei den ungerecht strengen Lehrern, gelernt wurde bei den kompetenten. Und da war es auch still. Wer merkt, dass er keinen Fuß mehr auf den Boden bekommt, weil Argumente und Inhalte nicht mehr überzeugen, fordert Anerkennung auf Grund seiner formalen Autorität ein, fordert blinde Nachfolge, warnt vor eigenen Meinungen. Er setzt konstruktive Nachfragen mit Ärger und Enttäuschung gleich.
Auf solche konstruktiv-exegetischen Anfragen reagiert die NAK gelegentlich wie der Plakatkleber an einer Litfasssäule. Dem Anfragenden wird dabei unterstellt, er hätte Probleme mit der Meinung anderer und würde mit rhetorischen Mitteln versuchen, sei-

* lat. "die immer der Reform bedürftige Kirche"

ne Meinung anderen überstülpen zu wollen. Nun ist nichts dagegen einzuwenden, wenn eigene Ansichten und Interpretationen vorgetragen werden. Von einer seriösen kirchlichen Exegese kann man indes mehr theologisches, sprich geistliches Wissen erwarten. Das Bemühen darum reicht nicht aus, weil es um Lehraussagen geht, die begründet werden sollten.

Für jemand, der sich im wissenschaftlichen Umfeld bewegt, ist es einfach "normal", Fragen zu stellen und Hintergründe zu eruieren. Gerade in theologischen Fragen ist es wichtig zu wissen, wer, wann und mit welcher Qualifikation exegetisch und fachlich seriös bestimmte, aus dem Kontext herausgenommene Bibelstellen zu bedeutsamen Lehraussagen erklärt.

Niemand redet von Wahrheit und schon gar nicht von absoluter. In der Wissenschaft und erst recht im Glauben, geht es immer nur um die Annäherung an den "wahren" Sachverhalt. Das ist ja gerade das Wesen von Wissenschaft, dass sie nichts absolut setzt - im Gegenteil, sie fordert zur Widerrede auf! Wie, wenn nicht im Disput von Meinungen und Theorien wäre Erkenntnisgewinn zu erreichen? Gefordert werden muss lediglich ein kritischer Umgang mit den antiken Texten, also deren Auslegung im Lichte historischer, linguistischer und theologischer Wissenschaften. Von ihrer eigenen Bedeutung und Aussagen sind auch Fanatiker und Charismatiker überzeugt. Das ist kein Kriterium für Wahrhaftigkeit. Wahrhaftigkeit wäre, sich in der Exegese an bestimmte Regeln zu halten, z.B. das Offenlegen von Quellen, Kontexten oder die Einsicht, dass es unlauter ist, Behauptungen ohne ausreichende Begründung in den Raum zu stellen.

Oft wird geflissentlich verschwiegen, dass der Grad an geistiger Ignoranz auch bei Akademikern keine Nullfunktion ist. Zu jedem Unsinn lässt sich auch jemand finden, der einen Titel vorweisen kann. Ein Beispiel wäre der Geschichtslehrer und Apostel Walter Drave. Er beansprucht Wissenschaftlichkeit und Historizität, stellt aber mit seiner "Zusammenschau" eines historischen Zeitabschnittes der NAK, im Rahmen einer international übertragenen Informationsveranstaltung am 4. 12. 2007 eine weithin offensichtlich, tendenziöse Arbeit vor. Hätte er dieses Machwerk als Studienarbeit abgegeben, wäre er durchgefallen. Das Schlimme ist, er könnte wissen, dass es so ist und mit ihm auch sein promovierter Vorgesetzter, Stammapostel der NAK, Dr. Wilhelm Leber. Was braucht es mehr Beweise, dass akademische Grade kein Garant für Wahrheit, keine Voraussetzung für Wahrhaftigkeit sind.

Hier sei an den großen Mathematiker und gottgläubigen Blaise Pascal (1623-1662) erinnert, dessen geniales Wissen und Lebenserfahrung ihn in logischen Schritten von der Mathematik zum Glauben an Gott führte, wovon er in seinem letzten Werk zeugte.[140] In seinen philosophischen Werken zieht er den Leser durch seine mathematische Logik und die Leidenschaft seiner Dialektik in den Bann: Gottes Wort und die Geheimnisse Jesu Christi könne man zwar nur intuitiv erfahren, doch sei der christliche Glaube sogar nach mathematisch-logischem Denken und Vernunft nur positiv zu bewerten. Als Pascal starb, fand man in seiner Jackentasche eingenäht einen Pergamentstreifen, den er ständig auf seinem Herzen getragen hatte: *"Gott Abrahams, Gott Isaaks, Gott Jakobs - nicht der Philosophen und Gelehrten! Gott Jesu Christi. Man findet und bewahrt IHN nur auf den Wegen, die im Evangelium gelehrt werden."*

An dieser Stelle könnte man die Frage aufwerfen, ob der Mathematiker und Christ Wilhelm Leber die von dem Mathematiker und Christ Pascal bezeugte Wertigkeit des Evangeliums ebenso sieht.

Der Verfasser sieht sich als Christ keinem traditionellen Lehrdruck oder einer bestimmten Richtung unterworfen, in die zu recherchieren oder zu exegesieren ihm vorgegeben wäre. Er schließt sich der Erkenntnis Pascals an, nach der man Jesus Christus "nur auf den Wegen findet und bewahrt, die im Evangelium gelehrt werden." Danach kann ein Christ auch keinen Monopolanspruch auf alleinige Schriftauslegung durch neuzeitliche Apostel in der Hl. Schrift erkennen, eo ipso nicht als lehrimmanente Heilsvoraussetzung. Er ist, nicht nur mit Pascal, aus-

---

[140] Blaise Pascal, Gedanken zur Religion und zu einigen anderen Themen, 1670

schließlich der universellen Wahrheit des Evangeliums verpflichtet.
Über allen Traditionen, Gesetzen und Autoritäten steht die Bibel: "Allein die Schrift′ (′sola sriptura′). Der einzige Mittler zwischen Gott und Mensch ist Christus: ′allein Christus′ (′solus Christus′). Er ist die Mitte der Schrift und daher Orientierungspunkt aller Schriftauslegung. Gegen alle kirchlich verordneten frommen religiösen Vorleistungen und Anstrengungen des Menschen zur Erlangung des Seelenheils stellt Luther des Primat der Gnade und des Glaubens: ′allein die Gnade′ (′sola gratia′) des gnädigen Gottes, wie er sich in Kreuz und Auferstehung Jesu Christi gezeigt hat und den bedingungslosen Glauben (′sola fide′) des Menschen an diesen Gott, sein unbedingtes Vertrauen."[141]
Die NAK stellt die richtigen Fragen, nutzt aber eine unpassende Interpretationsfolie und gibt so oft die falschen Antworten. Sie orientiert sich nicht am Bibelwort und hält an Bestehendem fest, lässt sich nicht im Geiste Christi verwandeln und zu neuem Denken finden, sondern orientiert sich am alten Denken und richtet die Gläubigen weiterhin daran aus. Dieses alte Denken erfüllt nach Erich Fromm die Charakteristiken einer "Religion des Industriezeitalters": Angst vor mächtiger, männlicher Autorität und Unterwerfung unter diese (Apostulat), Hervorrufen von Schuldgefühlen, Auflösung der Bande menschlicher (christlicher) Solidarität durch Vorherrschaft des Eigennutzes und des konfessionellen Antagonismus durch Hervorhebung des Trennenden zwischen den christlichen Kirchen, sowie die Betonung der eigenen Exklusivität. "Heilig" sind in der Religion des Industriezeitalters die Arbeit "im Werke Gottes", der "Besitz des Hl. Geistes", "Profit und Macht".[142]
Zur Frage der eigenen Amtsvollmacht bleibt festzustellen, dass der Stammapostel die sich vom Text her ergebende Deutung, "die Vergebung sei in die Gemeinde hineingelegt" (Apg.10,43), mit dem Argument ablehnt, sie führe schnell zu dem Schluss, *"dass*

---

[141] Hans Küng, Das Christentum. Wesen und Geschichte, 1953, S. 616
[142] Vgl. NAKI, 1992, Frage 167, 171, 77, 79), NAKI, 1992, Frage 218, 101, Erich Fromm, 1984, 140

*es einer eigentlichen Freisprache zur Sündenvergebung und eines freisprechenden Amtes gar nicht bedarf."* Wenn diese Bedenken auch keinesfalls von der Hand zu weisen sind, so sind sie wiederum keinesfalls zwingend, wobei freilich zu klären wäre, was überhaupt unter einer "eigentlichen Freisprache zur Sündenvergebung" zu verstehen ist. Zwingend sind die Bedenken nur, wenn man Amt und Gemeinde als isolierte Institutionen betrachtet, was keinesfalls überzeugen kann.
Rudolf Schnackenburg bemerkt daher zur Frage der Amtsvollmacht in Joh.20,23: *"Im Sinne des Evangelisten ist eine Beschränkung auf die ‚elf Apostel' nicht haltbar; aber wenn der Sendungsauftrag und die Heilsvollmacht* (auch nach Matth.28,18ff) *der Jüngergemeinde als solcher gelten, können doch bestimmte Funktionen und Vollmachten gemäß einem sich abklärenden Amtsverständnis den Amtsträgern vorbehalten werden, wie dies ähnlich für den Vorsitz bei der Eucharistiefeier zu beobachten ist."*[143]
Tatsächlich finden sich hierarchische Amtsstrukturen bereits Ende des 1. Jahrhunderts. Im wohl gegen 96/97 n. Chr. abgefassten Klemens-Brief kann man dazu folgendes lesen: *"Die Apostel empfingen die frohe Botschaft für uns vom Herrn Jesus Christus; Jesus, der Christus, wurde von Gott gesandt. Christus kommt also von Gott, und die Apostel kommen von Christus her; beides geschah demnach in schöner Ordnung nach Gottes Willen. Sie empfingen also Aufträge, wurden durch die Auferstehung unseres Herrn Jesus Christus mit Gewissheit erfüllt und durch das Wort Gottes in der Treue gefestigt, zogen dann mit der Fülle des Heiligen Geistes aus und verkündeten die frohe Botschaft von der Nähe des Gottesreiches. So predigten sie in Stadt und Land und setzten Erstlinge nach vorhergegangener Prüfung im Geiste zu Bischöfen und Diakonen für die künftigen* (!) *Gläubigen ein."*[144]

---

[143] Rudolf Schnackenburg, a.a.O. 388
[144] Kl.42,1-4 Übers. Joseph A. Fischer, Die apostolischen Väter, 1998. Vgl. dort auch das in der Einführung S. 10f Gesagte. Auch in den Briefen des Ignatius von Antiochien (†ca.107) findet sich ein Episkopat mit Weisungsbefugnis gegenüber der Gemeinde, vgl. Ign. Eph.2,2

Daraus geht hervor, dass die Christenheit am Ende des 1. Jahrhunderts unabhängig davon, dass die Vergebung der Sünden der ganzen Gemeinde anvertraut war, dennoch eine episkopale Amtshierarchie kannte, wobei freilich zu fragen wäre, was hier unter einem "Amt" zu verstehen ist. Ebenso wird klar, dass auf die Zeit der Apostel als ´längst vergangen´ zurückgeblickt wird. Wer also eine Gemeinde ohne jegliche Amtshierarchie propagiert oder, wie die NAK, eine Kirche nur auf Basis von lebenden Aposteln als vollgültig ansieht, muss bereits die Zeit ab etwa den 70er Jahren n. Chr. zum Verfallsstadium erklären, eine Zeit, in der mit den Evangelien, den katholischen Briefen, den Pastoralbriefen sowie der Offenbarung der Großteil des Neuen Testaments erst verfasst wird. Es ist einleuchtend, dass beide Extrempositionen schlechterdings unhaltbar sind.

Noch ein Wort zu Paulus und zum Amtsverständnis. Die vom Stammapostel zur Legitimität seines Amtes hierzu zitierte Stelle aus 2.Kor.3,8 ist bei Luther eine glatte Fehlübersetzung und als solche leider auch in der Revision der Lutherbibel von 1984 belassen worden. Auch dieser Vers ist nur im Kontext und nicht isoliert zu verstehen. Thema des ganzen Abschnitts ist nicht das Amt oder ein Amtsverständnis, sondern die Antithese von Gesetz und Evangelium.[145] Der neuapostolischen Interpretation, dass das Apostelamt "den Geist gebe", wäre damit nicht haltbar. Dem wäre schließlich noch das Wort aus Gal.3,2 entgegenzuhalten, wo der Apostel den ´behexten Galatern´ die Frage stellt: *"Dies nur will ich von euch erfahren: Habt ihr den Geist aufgrund von Werken des Gesetzes empfangen oder aus dem Hören der Botschaft des Glaubens?"* Paulus ist also weit davon entfernt, die Empfangnahme des Hl. Geistes auf eine sakramentale Handlung

---

[145] Vgl. dazu die Kommentare und Otfried Hofius, Gesetz und Evangelium nach 2.Kor.3, in: Ders., Paulusstudien, 1989, 75-120. Die Verse 7. u. 8. lauten möglichst wörtlich:
*"(7) Wenn aber* [schon] *der Dienst des Todes in Buchstaben auf Steinen gemeißelt* [gemeint ist die Sinai-Tora] *in Herrlichkeit geschah, so dass die Söhne Israels wegen des vergehenden Glanzes seines Angesichts nicht auf das Angesicht Moses hinblicken konnten, (8) um wie viel mehr wird der Dienst des Geistes in Herrlichkeit sein?"*

einzuschränken, es sei denn, man versteht die Verkündigung des Evangeliums ebenfalls als Sakrament. Zuletzt wäre noch darauf hinzuweisen, dass Paulus gerade im Galaterbrief die Empfangnahme seines Apostelamtes durch Ordination rigoros ablehnt, denn er eröffnet das Präskript mit den Worten: *"Paulus, Apostel nicht von Menschen, auch nicht durch einen Menschen, sondern durch Jesus Christus und Gott, den Vater, der ihn von den Toten auferweckt hat."* Auch 1.Kor.9,1 redet von der Empfangnahme des Apostolates durch den Auferstandenen.

Für die NAK würde aus dem Gesagten zunächst folgen, dass die Versuche, die Heilsnotwendigkeit des neuapostolischen Apostelamtes biblisch zu begründen, zum Scheitern verurteilt wären. Daraus folgt weiterhin, dass sich die NAK eine differenziertere Lektüre und theologische Interpretation der Bibel zu Eigen machen sollte und schließlich, dass die Gesamtstruktur der Kirche bzw. ihr Profil auch dann nicht in Bausch und Bogen verworfen werden muss, wenn man die alt- und neutestamentlichen Texte ernst nimmt.

So gab es, die Didache bezeugt dies, auch Ende des 1. Jahrhunderts noch charismatische Wanderapostel, die sich nicht wie die Apostel der frühen Zeit als Auferstehungszeugen verstanden, sondern wohl als Gemeindeapostel, als "Gesandte" oder "Boten" der Gemeinde. Schließlich ist ein "*apostolos*" nichts anderes als ein Gesandter oder Bote seines Senders, der eben auch die Gemeinde sein kann. Einen Exklusivitätsanspruch im Sinne des neuapostolischen Apostelamtes erhoben diese Wandercharismatiker freilich nicht. Ebenso wurde sichtbar, dass sich bereits Ende des 1. Jahrhunderts Amtsstrukturen in den Gemeinden nachweisen lassen. Beide Tatsachen könnten Anknüpfungspunkte für ein neues Verständnis des Apostelamtes der NAK bieten, das sich nicht als heilsexklusiv, dafür aber als besonders vorbildlich in der Nachfolge Christi versteht. Die urchristlichen Wandercharismatiker böten hier in der Radikalität ihrer Jesusnachfolge ein Vorbild, das von der wohltemperierten Bürgerlichkeit der europäischen NAK allerdings denkbar weit entfernt ist. Eine Neubesinnung auf die intensive Nachfolge Jesu Christi könnte der NAK, deren "familiäre" und, in Grenzen, "charismatische" Strukturen ja durch-

aus erhaltenswert sind und einen Eigenwert besitzen, den entscheidenden neuen Impuls geben. Sie muss jedoch zur ekklesiologischen Wahrheit zurückfinden und ist dazu auch verpflichtet. Ein offener Dialog mit ihren Gläubigen hat nie wirklich stattgefunden. Inzwischen hat die Kirche Ihre Bereitschaft dazu erklärt. Dahinter mag ein positiver Ansatz, ein ehrliches Wollen stehen, einen derartigen Dialog muss man aber auch mit Empathie führen können.
Es ist ein Unterschied, ob ein Bezirksapostel hier und da mit einzelnen Kritikern der NAK über spezielle Themen spricht, oder ob sich Vertreter der Kirche einer heterogenen Kritikergruppe stellen. Schon die hier und dort beabsichtigten Verfahren, Festlegung von Themen im voraus und "einführende Vorträge" zu diesen Themen, lassen vermuten, dass hier nicht auf Augenhöhe diskutiert werden wird, sondern eine Seminarsituation zu schaffen beabsichtigt ist, welche eine mögliche nachfolgende Diskussion auf Bemerkungen zum Vortrag beschränkt. Das kann aber weder die Kritiksituation abbilden, noch einen auf Augenhöhe geführten Diskurs.
Hinzu kommt, dass viele ältere Mitglieder nicht verstehen könnten, wenn das Apostelamt seine Heilsnotwendigkeit und andere Monopolstellungen verlieren würde. Denn genau das wurde ihnen ein Leben lang gepredigt. Sie glaubten daran und wollen nichts hinterfragen, wollen sich nicht mit ihrem Glauben auseinandersetzen, weil dann das ganze Leben und die Lehre hinterfragt werden müsste. Wird gelegentlich deshalb vor einem zu intensiven Bibellesen gewarnt?[146]
Um der Wahrheit des Evangeliums willen müssen Irrtümer jedoch verschwinden. Nicht zuletzt wegen der mancherlei psychischen Beschwernisse bei nicht wenigen Gläubigen, die durch eine überzogen fundamentale und teilweise lebensfremde Lehre erzeugt wurde: *"Gerade die vor einigen Jahren geführte Diskussion mit den sogenannten Aussteigern hat doch gezeigt, dass in früherer Zeit und sicherlich auch regional verschieden Abläufe*

[146] http://www.nak-resse-west.de/forum_new/showthread.php?tid=265&pid=2371#pid2371

*da waren, die bei einigen zur Entfremdung von der Kirche und psychischen Beeinträchtigungen führten."*[147]
Was predigte die Kirche bezüglich der Kontinuität und Beständigkeit ihrer Lehre? "Ich bin der Herr dein Gott und wandle mich nicht." Gleichwohl wandelte sich die Lehre der NAK in immer kürzeren Abständen immer schneller. Man nennt dies "Lehrveränderungen", oder "Lehrschärfungen". Was aber sollte am Evangelium überhaupt geschärft werden? Macht die Kirche nicht vielmehr einen Rückzieher von alten, im Zeitalter global zunehmender Erkenntnis unhaltbaren theologischen Positionen, deren offensichtlicher Irrtum nun gezwungenermaßen Stück für Stück abgebaut werden muss, um wenigstens einen Rest an Glaubwürdigkeit zu bewahren? Dürfte es überhaupt Lehränderungen geben, die so weit gehen, dass vorherige Aussagen komplett für ungültig erklärt und aufgehoben werden? Ist der Einwand der Kirche nicht eine Ausrede, wenn sie ihren Irrtum mit dem Bibelwort auszuräumen versucht: *"Die teilweise gegensätzlichen Lehraussagen sind [...] eine Erkenntniserweiterung im Sinne Jesus, der schon damals sagte, dass er seinen Jüngern noch nicht ALLES sagen könne. So steht es in der Bibel"* (Joh.16,12)? [148]
Das Bibelwort ist richtig, nur hat Jesus keines seiner ausgesprochenen Worte jemals zurückgenommen oder für ungültig erklärt. Diese Aussage, aus ihrem Kontext gerissen auf Jesuworte zurückzuführen, ist nicht mehr nur theologisch naiv, sondern eher verwegen, System rechtfertigend und blasphemisch grenzwertig!
"Der Hl. Geist führt von einer Erkenntnis zur nächsten", ist ein gern angeführtes Wort, um die für ungültig erklärten Lehraussagen zu legitimieren. Auch dieser Einwand der Kirche greift nicht, denn dann müssten folgerichtig die neuen Lehraussagen auf den alten aufbauen. Denn eine Erkenntnis bleibt eine Erkenntnis und somit Wahrheit. Die Logik des Denkens scheint auch hier außer Kraft zu sein. Nehmen wir noch einmal das Beispiel der Taufe:

---

[147] Armin Brinkmann im Interview mit "gk": "Auf dem Weg bleiben - oder zurückgehen" vom 3.8.2004, http://www.glaubenskultur.de/artikel-325.html
[148] NAKI-Kirchensprecher Peter Johanning

1908 ist die Taufe das Bad der Wiedergeburt, 1971 ist sie nur noch ein Teil der Wiedergeburt. 1908 wird der Mensch durch die Taufe ein Glied am Leibe Christi, 1971 geschieht dies erst durch die Spendung des Hl. Geistes (Versiegelung).[149]

Konnte Gott 1908 ein anderes Sakrament der Eingliederung in den Leib Christi erwarten als 1971? Kann 1908 etwas wahre (Jesu-)Lehre sein, was 1971 keine Gültigkeit mehr hat? Diese Unbeständigkeit der NAK hat schon viele Amtsträger (und Gläubige) in große Gewissensnöte gebracht, denn sie fragten sich zu Recht, ob sie denn bisher etwas Falsches geglaubt und dies auch gepredigt haben. Wenn eine alte Lehraussage für ungültig erklärt wird, dann war sie definitiv falsch. Nur: "Gottes Geist führt uns in alle Wahrheit." (Joh.16,13)

Jesus hatte kein Theologiestudium. Trotzdem verblüffte er die Theologen seiner Zeit mit seiner Weisheit und Schriftkenntnis. Das konnte nicht anders sein, er ist Gottes Sohn. Die von ihm damals eingesetzten Apostel waren ebenfalls voll Weisheit, wie uns die Apostelgeschichte des Lukas und die erhaltenen Apostel-Briefe zeigen. Diese Apostel hatten an Pfingsten den Geist der Weisheit, den Hl. Geist empfangen. Besitzen NAK-Apostel diese Weisheit nicht?

Aus dem Selbstverständnis der NAK sind schließlich sie allein berechtigt (befähigt), die Hl. Schrift zu deuten. Daraus ergibt sich die nächste Frage: Warum braucht sie dann neuerdings theologische Experten zur Exegese der Hl. Schrift? Könnte es sein, dass eine ´Berechtigung´ nicht notwendigerweise mit einer ´Befähigung´ verbunden sein muss?

Zumindest braucht sie vieles nicht, was von der Leitung derzeit noch immer als unverzichtbar angesehen wird: den Exklusivitätsanspruch, einen (bereits reduzierten) Personenkult (Jesus verklärt im Hauspriester...) und vor allem keine Abwertung anderer Christen durch absurde Behauptungen wie: "Kirche im Vollsinn ist nur da, wo Apostel sind" oder "nur die Apostel können die Hl. Schrift auslegen".

[149] http://nak-info.de/betracht/taufe.htm

Auffällig ist auch die servile Diktion in der Darstellung von Predigtverhalten, wenn Amtsträger diverser Stufen immer noch vom "gesegneten Dienen" des Bezirksapostels sprechen oder schreiben. Woher weiß man, dass dessen "dienen" gesegnet ist? Solche Ikonenmalerei und Menschenvergötterung sollte man unterlassen. Heiligsprechung ist Sache des Papstes.
Ein schmerzhafter Prozess, den nicht jeder gehen will und vermutlich auch nicht gehen kann. Das sind aber die Dinge, die tatsächlich wichtig sind, nicht die "neuen Freiheiten" in der Lebensgestaltung oder im Gemeindeleben. Deshalb wird offenbar versucht, durch ein Nachgeben in Nebensächlichkeiten eine Richtungsänderung in der Hauptsache zu vermeiden. Das wird sicher eine Reihe einfacher Mitglieder beeindrucken und beeinflussen, nicht aber die Tiefgründigen und Ernsthaften unter den Gläubigen, ganz sicher nicht den Gott der Wahrheit!
Heil und Erlösung liegen bei Gott und nicht bei einer speziellen Kirche oder einem hervorgehobenen Amt. Die Neuapostolische Kirche kann nur einen Weg zum Heil Gottes anbieten. Das haben schon die Apostel der Urkirche gelehrt: Christus ist der Mittler zwischen Gott und Mensch.
Die Anmaßung einer Sonderstellung vor Gott, die Überhöhung von Menschen und Ämtern und die Herabwürdigung der Brüder und Schwestern in anderen christlichen Kirchen muss beendet werden. Der einzige Mensch, der berechtigt war und ist, eine Heilsgarantie abzugeben, ist der Sohn Gottes. Das tat er mit der wunderbar einfachen Bedingung: *"Wer an mich glaubt..."* (Joh.11,25).
Das können NAK-Apostel so nicht stehen lassen, sie müssen darüber hinaus den Glauben an sich und ihr Amt fordern, sonst hat, ihrer Meinung nach, die Zusage Jesu keine Wirkung. Wie überheblich, wie wenig gottesfürchtig das ist, scheint ihnen noch immer nicht bewusst zu sein. Ein höherer Amtsträger stellte dazu unlängst fest: *"Unsere Kirche kann nur mit dem Exklusivitätsanspruch und der Heilsgarantie durch die Apostel weltweit weiter wachsen, sonst geht sie in der Masse der anderen Kirchen*

*unter."*[150] Er erweckte dabei den Eindruck, dass er sich durchaus der Tatsache bewusst war, eine falsche Werbebotschaft zu verteidigen. Zweifellos gibt es den begründeten Verdacht, dass die meisten Entscheidungsträger in der Neuapostolischen Kirche sich dessen ebenfalls bewusst sind, aber davon ausgehen, dass der Zweck *ex falso quodlibet* die Mittel heiligt.
Karl Rahner postulierte: *"Die Kirchen sollten mutig aufgeben, die alten Fassaden zu verteidigen, hinter denen nichts oder nicht viel steckt als Gewohnheit, Brauchtum, Herkommen, nicht aber Glaube und Überzeugung."*[151]
Der österreichische Kirchenpräsident und Apostel Rudolf Kainz drückte es kurz und treffend so aus: *"Zurück zur Bibel, zurück zu Jesus, dann klappts auch mit der NAK"*, und traf damit auf breite Zustimmung in der Kirche.
Was den Versuch betrifft, der Ökumene auf publizistischer Ebene innerhalb der NAK den Weg zu ebnen, so muss ernüchternd festgestellt werden, dass die Worte des Stammapostels, den Dialog nach innen "auf Augenhöhe" zu befördern, sich nach außen zu öffnen und der großen Gemeinschaft der Christenheit anzunähern, von den Gebietskirchen offenbar als taktisches Manöver verstanden wird, um die Heilsexklusivität der Kirche und deren Deutungs- und Meinungshoheit zu befestigen und zu stärken. Bedauerlicherweise muss man konstatieren, dass immer noch die Mehrheit uneinsichtiger, dogmatisch-klerikaler Machtträger in der Führungsspitze der NAK weder auf Augenhöhe noch auf Distanz darüber diskutieren will, sondern Kritik, konstruktiven Vorschlägen und Initiativen nach wie vor misstrauisch gegenübersteht und deren Träger auf allen Ebenen ausbremst, obwohl diese Geistlichen oftmals weder über ein ausreichend theologi-

---

150 Webmagazin ´gk´, 2009

151 Vgl. Nicolai Hartmann: *"Die Tragik des Menschen ist die des Verhungernden, der an der gedeckten Tafel sitzt und die Hand nicht ausstreckt, weil er nicht sieht, was vor ihm ist. Denn die wirkliche Welt ist unerschöpflich an Fülle, das wirkliche Leben ist wertgetränkt und überströmend, wo wir es fassen, da ist es voller Wunder und Herrlichkeit."* Ethik, 4.Aufl., 1962, S. 11

sches noch intellektuelles Potenzial verfügen, gelegentlich auch nicht über die versöhnende Demut eines Christenmenschen (Luther).
Bemerkenswert sind die Aussagen von Gläubigen und Amtsträgern: *"Natürlich, man kann mit dem Stammapostel reden, mit vielen anderen auch. Die Frage bleibt aber, was darauf geschieht: Nichts. Alles bleibt beim Alten. Beschwichtigung und Ämtergottesdienste mit der Peitsche als Kennzeichen totaler Kontrolle. Soziale und theologische Inkompetenz auf hohem Niveau, gepaart mit unbedingtem Glaubensgehorsam."*[152]
Dem stehen die Aussagen von Gästen der Kirche gegenüber die bemängeln, dass man in den seit einiger Zeit propagierten "Wohlfühlgemeinden"[153] selten oder nie angesprochen, eingeladen oder sonst wie menschlich aufgenommen wird. Die sich daraus ergebende Frage lautet nur allzu oft: Passen wir in diese Kirche, bzw. Gemeinde? Dagegen spricht, sie ist:
- kleinbürgerlich-provinziell
- bildungsfern
- familiär (Clans)
- vom Besitzdenken geprägt (keine Kommunikation)
- man liest keine Bücher
- man führt keine Glaubensgespräche
- man bemerkt keine Freude/Lebendigkeit

Über ein augenscheinliches Aufmerksamkeitsdefizit hinaus, mangelt es an Kommunikation von unten nach oben. Eigenverantwortung ist keine Einbahnstrasse. Sie ist die conditio sine qua non zu einem Gemeinschaftsgefühl im Sinne von Nächstenliebe. Dazu zählt die Frage der Seelsorge, die mit der übergroßen Belastung der Amtsträger durch ein Kirchenamt bei gleichzeitiger Vollbeschäftigung im normalen Arbeitsleben eng verbunden ist. Die NAK-Norddeutschland verbreitet: *"Die Seelsorger der Neuapostolischen Kirche erfüllen ihren seelsorgerischen Auftrag ehrenamtlich - neben ihren Aufgaben in Familie, Beruf und Ge-*

---

152 NAK-Amtsträger im Gespräch mit dem Autor
153 StAp. Leber am 4.12. 2007 in Zürich: *"Wir sind eine Kirche, in der Menschen sich wohl fühlen."*

*sellschaft. In der Regel haben sie - wie in der Urkirche - keine theologische Ausbildung."*[154]
Auch das ist ein regelmäßig vorgetragenes, gleichwohl kaum tragfähiges Argument. Ähnlich könnte heute ein Metzger seine Zusatzdienste in der Humanmedizin anbieten und sich mangels Ausbildung darauf berufen, dass Mediziner in der Steinzeit auch kein Studium absolviert hätten. Überdies ist die Behauptung, die Seelsorger der Urkirche hätten keine theologische Ausbildung genossen, aus einem anderen Grund höchst kritisch zu sehen, denn in der Regel 'lernten' die Seelsorger der frühesten Christenheit bei den Aposteln oder deren Schülern. Zwölf, wie bekannt, 'lernten' sogar direkt bei Jesus.
Viele Seelsorger der NAK haben zumeist nicht einmal einen einfachen Bibelkurs besucht. Ferner kann man die Behauptung, die Seelsorger würden ihren seelsorgerischen Auftrag ehrenamtlich erfüllen, ebenso nicht stehen lassen. Ehrenamtlich ist wohl der Großteil der Amtsträger bis Bezirksältester unterwegs, während Bischöfe und Leitungsmitglieder der Kirche ein Festgehalt mit Pensionsanspruch beziehen. Insofern täuscht das vorstehende Zitat über die neuapostolische Wirklichkeit hinweg.[155]
Die Kirche wäre gut beraten, die Dauerbelastung und Zeitnot ihrer ehrenamtlichen Bezirksämter und Schwerpunktvorsteher in Zeiten angespannter wirtschaftlicher Situation und unsicherer Arbeitsplätze, die einen vollen, mitunter kaum zu leistenden Einsatz erforderlich machen, in eine bezahlte und sichere Tätigkeit für die Kirche umzuwandeln. Nur so kann künftig eine seelsorgerische Tätigkeit garantiert werden, die diesen Namen verdient.
Oft genug hat die Kirche erkennen lassen, dass sie ihre Mitglieder für einfach strukturiert und wohl deshalb für beliebig manipulierbar hält. Ein Beispiel dafür mag der angeführte Kirchenverlag sein. Das konnte in der zurückliegenden Obrigkeits- und Führerkirche lange Zeit funktionieren. Doch sie irrt, wenn sie glaubt, die Kräfte der Erneuerung in einem Zeitalter universalen Wissens und neuer Erkenntnis weiterhin dauerhaft ausgrenzen zu können.

---

[154] Vgl. http://web228.rubens.dsi.net/cms/13129.0.html

[155] Vgl. http://www.nak.org/de/kennenlernen/mitarbeit-und-spenden/

Es sind die ernsthaften, innovativen, gläubigen und ihren Glauben reflektierenden Mitglieder der Kirche, denen das Vertrauen entzogen wird, denen man sich verweigert, mit denen man nicht über die drängenden Fragen einer Renaissance der Kirche sprechen, deren Bücher man nicht drucken will. Dabei würde der NAK eine selbstkritische Diskurskultur mit partizipativen Elementen gut anstehen. Zugleich aber herrscht vice versa in weiten Teilen der NAK Unverständnis und Empören, sobald sich andere Christen ihrerseits "erdreisten", auch den Menschen in der NAK die eine oder andere nicht-neuapostolische Sichtweise zu entfalten.

Kurz: Andere Christen scheinen in der NAK immer nur dann gern gesehen, wo man in ihnen das zukünftige Neumitglied erhofft – die NAK öffnet sich tatsächlich, aber nur an den Eingängen für Neumitglieder.

Das zwischenmenschliche Ideal verlangt dagegen, dass ich zu meinem Bruder hingehe, wenn ich Fragen an ihn oder Probleme mit ihm habe, und mich somit nicht darauf festlege, dass mir meine Kritik an ihm lieber ohne ihn, dafür aber über ihn abgeht, weil ich meine, dass ich es nicht nötig hätte, auf ihn zuzugehen. Jesu Regel war: "Gehet hin." und nicht "Gehet nicht hin..."

Wenn die NAK z.B. die Frage von Kindesmissbrauch kommuniziert, hört man: *"Unsere Kirche steht da nicht alleine. Die anderen Kirchen haben ähnliche Probleme. Dieses Thema wird auch in der evangelischen Kirche diskutiert. Es sind oft vergleichbare Erscheinungen und Probleme die hochkommen"*[156], so verschweigt sie, dass dieses Thema in den anderen Kirchen offiziell diskutiert wird, dass man über Prävention ohne Scheuklappen spricht, nicht aber darüber, ob die Kirche "befleckt" wird, wie das die NAK bezeichnet.

Der Unterschied im Diskurs anderer Kirchen zur NAK ist gravierend. Offenheit dort, Abwehr in der Kirchenleitung der NAK. Letztere will vor allem das Ansehen der Kirche ´unbefleckt´ erscheinen lassen. Das Leid und die Bedrängnis der Opfer scheinen sekundär zu sein. Dabei wird die Analogie übersehen oder ver-

---

[156] RS Michael Ehrich 2009

wischt, dass *sie* überhaupt nicht befleckt ist oder wird, weil Kindesmissbrauch und Prävention Dinge sind, die aus der Gesellschaft kommen und vor keiner Institution Halt machen. Dabei sollten auch hier nicht Schuldige, sondern Auswege und Lösungen gesucht werden.

In unzähligen Predigten wird von den christlichen Eigenschaften der Versöhnungsbereitschaft und Friedfertigkeit gesprochen. So sollte man z.B. den Entschlafenen durch Unversöhnlichkeit nicht im Weg stehen.

Von der Kirchenleitung weiß man seit dem 4.12.2007 amtlich, dass sie das selbst nicht lebt, indem sie die verstorbenen Apostel Kuhlen, Güttinger u.a. als "Schuldige" des Schismas der Kirche verleumdet und diffamiert. In den Sprüchen 28,13 kann man dagegen lesen: "Wer seine Missetat leugnet, dem wird es nicht gelingen; wer sie aber bekennt und lässt, der wird Barmherzigkeit erlangen".

Heinrich Mussinghoff schreibt zum Verhalten seiner Kirche im NS-Staat: *"Versöhnung ist mehr als Schuld zu erkennen und bekennen, mehr als sich zu entschuldigen und zu vergeben."*[157]

Die Neuapostolische Kirche verbirgt ihre historisch belegbare Kollaboration mit dem menschenverachtenden NS-Regime nach wie vor hinter der beschönigend-lapidaren Aussage, *"dies geschah aus Sorge, die Amtskirche könnte verboten werden"*[158], während ihre politisch und rassisch verfolgten Mitmenschen vor ihren Augen in die Konzentrations- und Vernichtungslager abtransportiert wurden. Diese kühl-wahrheitswidrige (Entlastungs-)Erklärung der NAK ist ein selbstentschuldigendes Zeugnis ihres Versagens und ihrer Uneinsichtigkeit bis in die Gegenwart. Die Unfähigkeit zur Empathie mit Menschen in Not und Bedrängnis, die Verdrängung der (Mit-)Schuld, dieses unchristliche Zurück-

---

[157] Der kath. Bischof Heinrich Mussinghoff auf der Friedenskonferenz der Weltreligionen am 7.9. 2009 in Krakau, http://kirchensite.de/aktuelles/news-aktuelles/datum/2009/09/08/kirche-hat-sich-im-weltkrieg-schuldig-gemacht/

[158] Vgl. Kirchensprecher Johanning auf nak.org, Welsch, Die verklärte Diktatur, 2009 S. 71

weichen vor einem heidnischen, Gott verachtenden, Regime widerspricht der Substanz des angeeigneten Begriffs vom "Werk Gottes" von selbst.
Schon einmal hat die NAK das verantwortungsbewusste Mahnen besorgter Christen, Apostel, mit Ausgrenzung und Verfolgung beantwortet, echte Liebe zur Sache mit Hass erwidert,[159] Geduld missbraucht, edelste Absichten verhöhnt, die Wahrheit zur Lüge gemacht. Es hat das hier mehrfach genannte, größte Schisma ihrer Geschichte hervorgerufen, von dem sie mit dem 4.12.2007 unversehens wieder eingeholt wurde. Ein trauriges Kapitel in der neuapostolischen Kirchengeschichte, zu der Apostel Erwin Kindler feststellt: *"Die Geschichte zeugt gegen die Neuapostolische Kirche!"*[160]
Dieses Beispiel zeigt zudem, dass die NAK die Bedeutung globaler Informationsfreiheit für ihre Selbstdarstellung längst nicht begriffen hat. So auch nicht, dass nichts mehr so geht "wie früher", womit die Zeit der NAK-Deutungshoheit gemeint ist. Während z.B. die Apostel Klingler, Brinkmann u.a. die Unglaubwürdigkeit der "Zusammenschau" vom 4.12.2007 mit ungelenken Solidaritätsadressen verstärkten, wurden im Internet Fakten und Analysen präsentiert, die die Blamage der Kirche nur umso deutlicher machten.
Der Auftraggeber der Arbeitsgruppe ´Geschichte´, Stammapostel Wilhelm Leber, könnte, neben der "allgemeinen" Voreingenommenheit, der er als Stammapostel ohnehin unterworfen ist, vor allem wegen seiner verwandtschaftlichen Bindungen und Verbindungen zur Bischoff-Familie voreingenommen sein. Wilhelm Leber ist mit der Tochter von Friedrich Bischoff, dem Sohn des Stammapostels J. G, Bischoff verheiratet.

---

[159] Ex-Priester der NAK: *"Eines habe ich gelernt: Dass einem, der auch mal die NAK kritisiert oder angreift, sofort blanker Hass entgegengebracht wird."* gk vom 20.8. 2009
[160] Erwin Kindler (VAG) in: "Der Herold", Nr.7/8/9.1./15.April und 1. Mai 1970. Peter Kuhlen, Ein Leben für den Herrn, in: "Der Herold", 16. Jhrg., 1970, S. 55, vgl. René Müntener (NAK Schweiz), Infoabend des Stammapostels, 12/2007, http://www.mediasinres.net/geschichte/infoabend-des-stammapostels-das-kann-nicht-das-werk-gottes-sein/

Es wäre nicht fair, diese Verwandtschaft Lebers mit der Bischoff-Familie ins Spiel zu bringen, wenn nicht genau das der Medienreferent der Neuapostolischen Kirche International und zugleich Pressesprecher des Stammapostels, Peter Johanning, im Schriftwechsel mit einem amerikanischen Kirchenmitglied über die sogenannte ´Botschaft´ von J.G. Bischoff schon getan hätte. Am 14. August 2006 schrieb Johanning unter anderem diese vielsagenden Worte in die USA: *"But please understand that we at this time cannot say more. The Botschaft is a very vivid topic here in Europe, esc. in Germany! We know we must say something, but we want to set the words in the best possible way. [...] ... we need time for this and good advise from above. Please, do also not forget that CA Leber is the son in law of the late DA Bischoff, the son of the late CA."*
In der deutschen Übersetzung dieses in eigenwilligem Englisch verfassten Textes: *"Aber bitte verstehen Sie, dass wir im jetzigen Zeitpunkt dazu nicht mehr sagen können. Die Botschaft ist ein sehr "impulsives"* (Anm des Verf.: vermutlich meinte Johanning "emotionales") *Thema hier in Europa, speziell in Deutschland. Wir wissen, dass wir etwas sagen müssen, aber wir wollen die Worte auf die bestmögliche Weise einsetzen. [...] wir brauchen Zeit dafür und guten Rat von oben.* ***Bitte vergessen Sie auch nicht, dass StAp Leber der Schwiegersohn des ehemaligen BAp*** (Anm.: Friedrich) ***Bischoff ist, des Sohnes des späteren Stammapostels"*** (Anm. J.G. Bischoff).[161] (Hervorhebung des Verf.)
Wäre es voreilig davon auszugehen, dass diese verwandtschaftlichen Beziehungen keinen Einfluss auf die Bewertung der damaligen Ereignisse hätten?
Anderseits bestätigt Stammapostel Leber im Gespräch mit mehreren Zeitzeugen der VAG, dass er sich mit seiner Frau dahingehend geeinigt habe, dass die verwandtschaftlichen Beziehungen keine Rolle spielen würden, wenn es um die Wahrheit ginge.[162]

---

[161] Müntener, ebd.

[162] Gespräch StAp Lebers, mit Gerda und Werner Kuhlen, Reinhard Petzold, und dem VAG-Ältesten i.R. Keller, am 12.7.2008 in der Wohnung von Gerda und Werner Kuhlen.

Damit bleibt die Frage offen: Warum erklärt das Oberhaupt der Neuapostolischen Kirche die sogenannte "Botschaft" des vormaligen Stammapostels J.G. Bischoff nicht zum Irrtum? Sie widerspricht eindeutig dem Evangelium Jesu Christi und hat unendliches Leid ausgelöst.
Wenn der Stammapostel daran interessiert ist, dass die Kirche zur Aufrichtigkeit, zur Wahrheit und zur uneingeschränkten Ehrlichkeit zurückfindet, wie er feststellt:
*"Warum wird überhaupt unsere Geschichte behandelt? Nun, ich meine, die Geschichte ist ein Teil unserer Identität. Sie gehört also zu uns. Wir können sie nicht einfach verleugnen, auch wenn Dinge zutage gefördert werden, die unangenehm sind oder uns nachteilig ausgelegt werden können. Die Forderung zur Wahrheit zu stehen, ergibt sich auch aus dem Evangelium. Und letztlich kann man aus der Geschichte lernen",*[163] dann kann man dem uneingeschränkt zustimmen.
Leider muss man jedoch den Eindruck gewinnen: Versöhnung: Ja! Aber ohne Anerkennung des Irrtums "Botschaft", ohne Aufarbeitung der fehlerhaften Vorgänge, ohne Relativierung des Desasters vom 4. 12. 2007, ohne Rehabilitierung der Exkommunizierten, ohne Schuldeingeständnis und ohne Buße. Eine aufrichtige Versöhnung wird aber nur dann zustande kommen, wenn die vorstehend beschriebenen Punkt aufgearbeitet und zu einem stimmigen Abschluss geführt werden.
Die Kirche kann trotz allem ihr Gesicht wahren, *errare humanum est*, denn die Historie lässt erkennen, dass es nicht nur um Irrtum, sondern um Macht, Missgunst, Angst und altersbedingter Uneinsichtigkeit ging. Solange diese Frage offen bleibt, ungeklärt, solange steht auch die Zukunft der NAK dahin.
Der 2004 zurückgetretene Apostel Gerrit Sepers hat die Veröffentlichung der "Akte Peter Kuhlen" gegenüber einem niederländischen Webmagazin durchaus zutreffend bewertet: Es sei *"tatsächlich a) erschütternd und b) wenn nur 10% davon wahr ist, ist das Ansehen dieser Kirche 100% geschädigt, endgültig! Im Kreis der Bezirksapostel waren viele Schlappschwänze. Die Botschaft*

[163] In der Zeitschrift "Unsere Familie" vom 20. 3 2008, 68. Jahrgang, Nr.6

*war wie Opium für das einfache Volk und diente als Deckmantel für die Machtpolitik Rockenfelders und Friedrich Bischoffs."*[164] Tausende Mitglieder wurden damals aus machtpolitischen Gründen in die Irre geleitet, nur weil ein alter, 80jähriger Mann nicht in den Ruhestand gehen wollte.

Friedrich Bischoff, Bischoff-Verlag. Auch wenn es einen Zusammenhang gibt zwischen dem Macht und Meinung beeinflussenden Kirchenverlag und seiner Weigerung, kritische Publikationen zu verlegen, so ist doch die Wahrheit, die er nicht publizieren will, den Gläubigen zuzumuten. Wenn die Druckerei Friedrich Bischoff GmbH aus wirtschaftlichen Gründen demnächst schließen muss, so könnte das vielleicht auch an der selektiven Auftragsvergabe des Verlages liegen.[165]

Schwierigkeiten mit der Wahrheit lässt auch das Muster der "Zusammenschau" vom 4.12.2007 erkennen. Sie nimmt eine Quellenauswertung vor, bei der auf Grund der geschilderten Voreingenommenheiten anzunehmen ist, dass nur einige "passende" Zitate ausgewählt und gegenteilige Belege außer Acht gelassen wurden. Das ist soviel wie nichts wert und öffnet jeder willkürlich tendenziösen und apologetischen "Geschichtsaufarbeitung" Tür und Tor, ohne dass jemand die Möglichkeit hat, diese Dichotomie zu überprüfen. Glücklicherweise ist immer mehr Material aus nicht neuapostolischen Quellen verfügbar - und dieses verfügbare Quellenmaterial spricht nur in Ausnahmefällen für die Behauptungen der NAK'.[166] Die letztgültige Beantwortung dieser Frage kann nur die Zukunft bringen.

Es ist ein schwerer Weg, sich aus Abhängigkeiten zu lösen. Deshalb kann man all jene Gläubigen der Neuapostolischen Kirche,

---

[164] Gerrit Sepers im Interview mit nakobserver.nl

[165] http://www.bischoff-verlag.de/public_vfb/pages/de/family/news/091016druckerei.html

[166] Ebd., und Walter Suchsland, 1992: *"...erkannte ich, dass die Totentaufe* (Taufe, Abendmahl und Versiegelung für Verstorbene) *in die Irre führt und für labile Menschen gefährlich ist."* Sonderdruck aus 'Ev. Gemeindeblatt' für Württemberg', 49. Jhrg. Nr.4, 23.1.1955, Quell-Verl. und Buchhandlung ev. Gesellschaft Stuttgart, http://www.sekten.ch/ex-site/links/nak/steurich2.pdf

die sich nach der Wahrheit des Evangeliums sehnen, nur ermutigen, sich von ihren Ängsten frei zu machen, ihren christlichen Glauben ernst zu nehmen und zu handeln, nicht immer nur zu warten, was ihnen "von Oben" gesagt wird. Oben befinden sich keine sakrosankten Heiligen, sondern fehlerhafte Menschen, geistliche Laien, wie jedes andere Mitglied der Kirche. Sie, die Mitglieder, sind eigenständige Individuen und Christen, die eigenverantwortliche Entscheidungen treffen können, die über ihren Glauben sprechen und lebendig diskutieren wollen, die sich kollektiver Bevormundung und Gruppenzwang entziehen und das bislang übertragen geglaubte Monopol auf geistliche Wahrheiten durchbrechen können.
Der Begriff "diskutieren" kommt aus dem Lateinischen von "*discutere*" und bedeutet soviel wie "schneiden" oder "herausschneiden". Sinn einer Diskussion ist also, unterschiedliche Positionen herauszuschneiden und damit klar erkennbar zu machen. Dies ist der Kirche sicher bekannt, doch folgt sie dem nicht.
Aus vielen Gesprächen mit Amtsträgern und Gläubigen ergibt sich ein Bild: Anstatt die aufgezeigten Möglichkeiten wahrzunehmen oder wenigstens ehrliche Offenheit zu zeigen, wird ihnen als Rückmeldung für ihre Denkanstöße mangelnde Bereitschaft zur Nachfolge bescheinigt. Im besten Fall werden sie durch nonverbale Kommunikation ignoriert. Wer von den Amtsträgern anders denkt, handelt oder auch nur wagt Bedenken anzumelden, begibt sich automatisch in einen zerstörerischen Mechanismus, der sie zwischen Amtsautorität und Selbstzweifel so lange zerreibt, bis wenig von ihnen übrig bleibt. *"Ist das unser wahres Leitbild und die viel gepredigte Nächstenliebe?"*[167]
Der von Jesus vorgestellte und gelebte "Weg" ist weder ein kirchenrechtlich fassbarer noch unterliegt er einem konfessionellen Katechismus oder einer dogmatisch-wörtlich angepassten Bibelauffassung, sondern er ist vielmehr eine Wesensbeschreibung, weshalb Nachfolge hier auch eine Wesensnachfolge ist und keine konfessionelle oder amtskirchliche Lehrübernahme!

[167] Frage eines höheren NAK-Amtsträgers an den Verfasser

Klar und eindeutig trennt Rahner ein nomenklatorisches oder konfessionelles Christentum von einem "Herzenschristentum": *"Ich glaube, dass jemand, der seinem eigenen Gewissen folgt, ob er nun meint, Christ oder Nichtchrist sein zu müssen, ob er meint, Atheist sein zu müssen oder das Gegenteil sein zu müssen, dass ein solcher vor Gott und von Gott akzeptiert ist und das ewige Leben erreichen kann, das wir als das Ziel aller in unserem christlichen Glauben bekennen. Mit anderen Worten: Gnade und Rechtfertigung, Einheit und Verbundenheit mit Gott, Möglichkeit der Erlangung des ewigen Lebens hat nur am bösen Gewissen eines Menschen eine Grenze."*[168]
Der Herr kommt zu meiner Lebenszeit! Wir erwarten ihn täglich, stündlich! So warnte Stammapostel Bischoff Anfang der fünfziger Jahre des letzten Jahrhunderts; heute ist es der gleiche Slogan, aber von der Spieluhr intoniert. Dabei ist es dringend Zeit, unser Vertrauen auf Jesus, den Erlöser, zu setzen: Wer an mich glaubt…(Joh.11,25).
Im Apparat der Kirche wird ein Verhalten gezüchtet, das vorgeblich geistliche Kompetenz im Detail, bei größtmöglicher Anpassung im Auftreten zum Ziel hat. Theologie, christliche Überzeugungen, Singularität des Evangeliums, biblische Wahrheiten, Ökumene und die Zumutung der Wahrheit dürfen beim Spitzenpersonal nicht mehr erkennbar sein.
Es hat sich durchgesetzt, die Gläubigen draußen im Lande zu schonen. Es gibt einen Medienbeauftragten der NAKI, es gibt unterschiedliche Projekt- und Arbeitsgruppen, die alle damit beschäftigt sind, für die Bezirksapostel zu filtern, was wahre Religion, wahrer Glaube, einziges Heil ist, was die Apostel meinen, oder wie die Gläubigen denken, was die Apostel meinen. Und am Ende kommt offenbar immer heraus, dass die Apostel vor allem nicht von der Wahrheit gestört werden wollen.
Das geheime Ziel der Kirche scheint zu sein, dass jeder Apostel am Ende das Recht hat, nicht weiter behelligt zu werden. Dahinter sitzt, könnte man meinen, die Angst vor der Angst: Die Gläu-

[168] Karl Rahner, Sendung und Gnade - Aufsätze zur Pastoraltheologie, 1959

bigen dürfen nicht beunruhigt werden. Denn das verträgt die Kirche nicht. Biedersinn als Kehrseite der Christlichkeit?
Dazu bemerkt der Religionsanthropologe Richard Sosis, dass *"Religionen dann erfolgreich sind, wenn sie sich stets an ihre Umgebung anpassen. Das Kennzeichen eines erfolgreichen Wandels ist allerdings, dass die Gläubigen ihn nicht wahrnehmen, denn es gehört zum Wesensmerkmal der Religionen, dass sie dem Zeitgeist gegenüber veränderungsresistent erscheinen."*[169]
In der Natur der menschlichen Wahrnehmung liegt, dass man sich mehr vor Taschendieben fürchtet als vor dem Ozonloch. In der Natur der Wahrnehmung von Aposteln liegt, trotz Migration, Überalterung, schwindender Mitgliederzahlen und temporärer Lehrschärfungen "dennoch" durchzuhalten. Für das, was übermorgen kommt, haben sie (noch) kein Organ. Da hilft nur Wissen, Zweifel, Kritik und Aufklärung, die in Handeln übergeht. Eigentlich nennt man das lebendige Kirche.
Wenn Gläubige zu bestimmten Riten, Themen und Predigtinhalten der Kirche ihre Stimme erheben und Formen sowie Inhalte konstruktiv kritisieren, tun sie ja nichts anderes, als vom Oberhaupt der Kirche selbst Erwünschtes. Diese Menschen sind in der Regel reflektierte und eigenverantwortliche Christen, denen ihre Kirche geistliche Heimat bedeutet. Auf sie zu hören, auf sie zuzugehen, den Diskurs mit ihnen zu führen, entspricht daher dem christlichen Gebot der Nächstenliebe und den eigenen Intentionen der Kirchenführung. Die Wahrheit kann wehtun, aber sie macht frei.[170]
Wenn sich die neuapostolischen Führungs- und Deutungsverantwortlichen mit ihren innerkirchlichen Kritikern, ihren Geschwistern also, und deren Gedanken, Überlegungen und Schriften in Demut und Nächstenliebe beschäftigen würden, wie jene das mit der Kirche und ihren Schriften tun, wäre ein gegenseitig befruchtender Dialog längst zustande gekommen.
Möge die Kirchenleitung erkennen, dass Gott den Menschen Verstand geschenkt hat, mit dem er die Dinge hinterfragen kann und den Geist, um daraus Schlussfolgerungen zu ziehen!

[169] Richard Sosis, Der angepasste Glaube, DIE ZEIT vom 12.2.2009 S. 34
[170] Otto Güttinger, in: Der Herold vom 15.1.1955

Möge dem Stammapostel der Mut, sowie die notwendige Kraft und Fähigkeit zufließen, seine kirchenpolitisch progressiven Erneuerungsbemühungen gegen alle Widerstände und Schwierigkeiten durchzusetzen!
In der Neubesinnung auf die Nachfolge Christi und nicht in bloßen Apologien oder einem sich abzeichnenden Trend zum Event-Christentum wird die Kirche ihr Heil finden. Dazu braucht es Gottvertrauen, Mut und Entschlossenheit. So möchte man der Kirche mit Jesus zurufen: [171]
*"Duc in altum – Fahr hinaus auf die hohe See."*

[171] Luk.5,4

## Literatur


Albrecht, Ludwig:
Abhandlungen über die Kirche, Ämter und Gottesdienste, 1896

Berger, Klaus:
Theologiegeschichte des Urchristentums, 1994

Betz, Otto, Beate Ego, Werner Grimm [Hrsg.]:
Calwer Bibellexikon, Bd.2, 2003

Bonhoeffer, Dietrich:
Die Taufe. In: ders.: Nachfolge. Gesammelte Werke (Hrsg. von Martin Kuske und Ilse Tödt), 2.Aufl. 1994, Band IV, S. 219ff

Bultmann, Rudolf:
Die Geschichte der synoptischen Tradition, 1921/1970

Büchner, Gottfried:
Exegetisch-homiletisches Lexikon, Taufe, 1904

Cardale, John Bate:
Vorlesungen über die Liturgie und die anderen Gottesdienste der Kirche. Die Heilige Taufe nach Schrift und Tradition, 1879

Dibelius, Martin:
Die Formengeschichte des Evangeliums, 1919

Dinkler, Erich:
Taufe II Im Urchristentum in: Bd. 6, Sp. 636, Lexikonreihe "Religion in Geschichte und Gegenwart" (RGG); Handwörterbuch für Theologie und Religionswissenschaft.

Eggenberger, Oswald:
Die Neuapostolische Gemeinde. Ihre Geschichte und Lehre, 1953

Fischer, Joseph A. [Hrsg.]:
Die apostolischen Väter. Schriften des Urchristentums, 1.Tl. 1964

Gassmann, Lothar:
Neuapostolische Kirche. Gibt es wieder Apostel? 2001

Gerbert, Joachim:
Nur wir! Eine kritische Auseinandersetzung mit der Neuapostolischen Kirche, 1994

Güttinger, Otto:
Manifest über Zustände und Tendenzen in der Neuapostolischen Gemeinde, 1954

Handtmann, Karl:
Die Neu-Irvingianer. Geschichte, Lehre und Eigenart, 2.Aufl. 1907

Häring, Hermann:
Theologie und Ideologie, 2001

Hofius, Otfried:
Gesetz und Evangelium nach 2.Kor.3, Paulusstudien, 1989

Hutten Kurt:
Seher - Grüber – Enthusiasten, 15.Aufl. 1997

Jüngel, Eberhard:
Der Wahrheit zum Recht verhelfen, 1977

Kainz, Rudolf:
Apostelbrief, Das Werk Gottes braucht eine Renaissance, in UF Nr.16, 2003, S. 22

Kirchschläger, Walter:
Kanonische Exegese – Was ist das, 2009

König Michael/Jürgen Marschall:
Die NAK in der NS-Zeit und die Auswirkungen bis zur Gegenwart, 1994

Krenzer, Ferdinand:
Morgen wird man wieder glauben, 34.Aufl. 1989

Kuhlen Peter:
Ereignisse in der NAK, die zur Gründung der Apostolischen Gemeinde geführt haben, 1955

Küng, Hans:
Unfehlbar?, 5.Aufl. 1098,

Küng, Hans:
Das Christentum. Wesen und Geschichte. 1953

Lay, Rupert:
Ketzer, Dogmen, Denkverbote, 1998

McDowell, Josh:
Wer ist dieser Mensch? 1994

Meldau, Volker:
Die Wende aller Zeiten - Eine Auslegung der Offenbarung des Johannes aus katholisch-apostolischer Sicht, 1998

Neuapostolische Gemeinde:
Lehrbuch für den Religionsunterricht (Fragen und Antworten) der Kinder und Konfirmanden in der Neuapostolischen Gemeinde, Hrsg.: Hermann Niehaus, 3.Aufl., 1921

Neuapostolische Kirche International (NAKI):
(1)Fragen und Antworten über den Neuapostolischen Glauben: 1916; 1938; 1952; 1968; 1981; 1992
Geschichte der NAK, J.G. Bischoff [Hrsg.], zusammengestellt und bearbeitet von G. Rockenfelder, versch. Aufl., o J.
(2)Neue Apostelgeschichte, NAKI Zürich [Hrsg.], 1985
(3)Richtlinien für die Amtsträger der NAK, 1963, 1993ff

Nocke, Franz-Josef:
Spezielle Sakramentenlehre I. Taufe, in: Schneider, Theodor (Hrsg.): Handbuch der Dogmatik. Bd. 2., 2002, S. 226–259

Obst, Helmut:
Apostel und Propheten der Neuzeit, 1990

Obst, Helmut und Daniel Cyranka:
Was ist die Kirche? Das Selbstverständnis apostolischer Kirchen und Gemeinschaften als Kirche Jesu Christi, 2005

Orwell, George:
1984, London 1949

Pascal, Blaise:
Gedanken zur Religion und zu einigen anderen Themen, 1670

Rahner, Karl:
Hörer des Wortes. Zur Grundlegung einer Religionsphilosophie 1941

Rahner, Karl:
Sendung und Gnade - Aufsätze zur Pastoraltheologie, 1959
Ratzinger, Joseph:
Eschatologie - Tod und ewiges Leben, 2007
Ratzinger Joseph:
Glaube, Wahrheit, Toleranz, 2003
Ratzinger, Joseph:
Jesus von Nazareth, 2007
Salus:
Alte und neue Wege. Streifzug durch die geistigen Fürstentümer…,1912
Sasse, Hermann:
Statu Confessionis, Bd.1, 1975
Schermann, Rudolf:
Woran die Kirche krankt, München 1993
Schneider, Johannes:
Taufe und Gemeinde im Neuen Testament, 2.Aufl. 1984
Schlachter, Franz Eugen:
Was lehrt die Bibel von der Taufe? 1896
Schwarz, Friedrich W.:
Apostel oder nicht im neunzehnten Jahrhundert? Eine Zeitfrage. Die neuapostolische Lehre im Lichte der Heiligen Schrift und das Apostelamt der Endzeit, hrsg. v. Hermann Niehaus, 1930
Sepers, Gerrit:
Interview vom 4. 1. 2005 im Webmagazin naktuell.de, www.naktuell.de/0105/0105003.html
Sigrist, Beat:
Auf zur Renaissance, Mut zur Erneuerung, Bülach 2006
Sondheimer, Friedrich:
Die wahre Taufe; Ein Bekenntnis zur Taufe der Gläubigen, 1974
Stiegelmayr, J. Rudolf:
Der Traum von einem der auszog, seine Botschaft zu verkünden, 2007

Thiersch, Heinrich W. J.:
Die Kirche im apostolischen Zeitalter, 3.Aufl., das. 1879
Tiersch, Heinrich, W. J.:
Inbegriff der christlichen Lehre, ein biblisch-apostolisches Glaubensbuch, 4.Aufl. 1980
Thyen, Hartwig:
Das Johannesevangelium, 2005
Wächterstimme aus Zion:
Internetseite zur Förderung der Reformen in der Neuapostolischen Kirche, 28.5. 2006,
Informationen zur Botschaft von J.G. Bischoff, http://waechterstimme.tripod.com
Weber, Albrecht:
Die kath.-apost. Gemeinden. Ein Beitrag zur Erforschung ihrer charismatischen Erfahrung und Theologie, 1977
Welsch, Wolfgang:
Die verklärte Diktatur, 2009, S. 71ff
Welsch, Wolfgang [Hrsg.]:
Der Jenseitsglaube der Neuapostolischen Kirche. Biblisch belegte oder fundamentale Sonderlehre?, 2.Aufl. 2009
Winter, Hans-Eduard:
Gott hat Wege in der Wüste, Die verstoßenen Kinder der Neuapostolischen Kirche (1863-2000), 2000
Wittgenstein, Ludwig:
Über Gewissheit, 1984
Zahrnt, Heinz:
Wozu ist das Christentum gut, 1972

## Bibelstellenregister

Zitate aus der Bibel entsprechen dem unkorrigierten Luthertext aus der Kurfürstenbibel [1720] und der Elberfelder.

Vom Autor sind zum Thema NAK erschienen:

**Die Predigt der Neuapostolischen Kirche.**
Kann der Heilige Geist Predigtseminare ersetzen?
Broschüre, 41 Seiten, 2. Aufl. 2009, 7,50 €

**Der Jenseitsglaube der Neuapostolischen Kirche.**
Biblisch belegte oder fundamentale Sonderlehre?
Broschüre, 42 Seiten, 2. Auflage 2009. 7,50 €